职工
法律知识
实用问答

邱科铭◎著

中国法制出版社
CHINA LEGAL PUBLISHING HOUSE

序　言

全民普法是全面依法治国的长期基础性工作。《中央宣传部、司法部关于开展法治宣传教育的第八个五年规划（2021—2025年)》指出，要持续提升公民法治素养，实行公民终身法治教育制度，把法治教育纳入干部教育体系、国民教育体系、社会教育体系。要加强国家工作人员法治教育，加强青少年法治教育，分层分类开展法治教育，根据不同的群体特点，开展有针对性的法治宣传教育活动，提高其依法维护权益的意识和能力。

在建设法治社会的大背景下，遇到问题通过法律途径解决已成为公民的习惯。在开展第八个五年法治宣传教育之际，我们根据社会需求，特别编写了本套“八五”普法实用问答丛书。本套丛书区分不同读者群体，分为以下7个分册：《公民常用法律知识实用问答》《领导干部法律知识实用问答》《公务员法律知识实用问答》《职工法律知识实用问答》《青少年法律知识实用问答》《企业法律知识实用问答》《农村法律知识实用问答》。

各分册以最简明、易懂的问答形式，挑选与相关读者群体关系最为密切的主题，从实用的角度，有针对性地设计问题。在保持专业性的同时，用尽可能通俗、流畅的语言，辅以必要的案例，向读者介绍相关的法律知识，帮助公民在日常工作与生活中，维护法治，遵守社会秩序，保护自己的合法权益。

希望广大读者通过本套丛书轻松学习法律知识，提升法治素养，提高尊法学法守法用法的自觉性和主动性，养成办事依法、遇事找法、解决问题用法、化解矛盾靠法的良好习惯。

目　录

第一章　劳动合同

第一节　劳动合同的订立

第二节　试用期

第三节　服务期与竞业限制期限

第四节　劳动合同的解除与经济补偿

第二章　工作时间与休息休假

第三章　薪酬待遇与个人税收

第四章　社会保险与福利

第一节　社会保险

第二节　工伤保险

第三节　养老保险

第四节　失业保险

第五节　医疗保险

第六节 生育保险

第七节 住房公积金

第五章　集体合同与劳务派遣

第六章　劳动卫生安全与特殊劳动保护

第一节　劳动卫生安全

第二节 未成年工特殊劳动保护

第三节 女职工特殊劳动保护

第一章

劳动合同

第一节　劳动合同的订立

1　签订劳动合同前，劳动者有权了解用人单位的哪些事项?

情景再现

小柯是一名刚踏出校门的大学毕业生，虽然在校的时候也参加过学校的就业培训，但那无异于纸上谈兵，当真正步入职场时，小柯还是一脸迷茫。投简历、笔试、面试，虽然一套程序走了下来，但由于就业信息的不对等，小柯都是在跟着用人单位的步调走，自己完全无法掌握主动权。为了打破就业信息的不对等，同时也为了解作为求职者享有哪些知情权，小柯拨通了劳动行政部门的咨询电话。

法律分析

我国《劳动法》等法律历来强调劳动者与用人单位在地位上的平等。但在现实求职过程中，用人单位还是处于绝对强势的一方，对于事关劳动者切身利益的信息都讳莫如深。另外，劳动者为了顺利入职，往往将自己的姿态放得很低，用人单位提供多少信息，劳动者就了解多少信息，很少会主动询问用人单位和求职岗位的关键信息，这就导致了两者间信息的严重不对称，也为正式签订合同后引发纠纷埋下了“定时炸弹”。其实我国《劳动合同法》第八条赋予了小柯深入了解用人单位的权利，包括事关劳动者切身利益的信息，如工作条件、工作内容、高危职业的保护性措施、劳动报酬、行业前景、晋升渠道等，小柯都是有权利提前了解的。用人单位也有义务如实回答他提出的这些疑问。两者间开诚布公的谈话也有利于避免后续不必要的纠纷，毕竟签订正式合同后再分道扬镳对彼此来说都是巨大的伤害。

2 用人单位的录用通知书可以看作劳动合同吗？

情景再现

田威是一名应届毕业生，在校园招聘季向一家专业对口的企业投递了简历，在校成绩优异的他很快就在简历筛选环节脱颖而出。经过几轮面试后，负责企业招聘的面试官对他的表现给予了积极肯定的评价，并向他发送了准予录用的通知书。田威欣喜地发现这份录用通知书详细记载了即将入职岗位的工作内容、工作期限、工作薪酬等信息，于是就想当然地认为这就是所谓的劳动合同。事实上企业并没有在他正式工作后提起签订劳动合同的事。双方本是相安无事的，直到田威工作一个月后第一次收到工资明细后发现企业为其缴纳的社会保险费用很少，田威认为应当按照“劳动合同”上的工资进行缴纳，企业辩解说这是内部统一的做法，并且所谓的“劳动合同”也没有约定要按照实际工资标准缴纳社保，由此双方产生了激烈的争议。

法律分析

现在部分用人单位在经过严苛的面试筛选后会对有意向录取的求职者发送录用通知书。录用通知书一般包含用人单位的录用意向，求职者即将工作的部门、岗位、起薪、正式工作的时间、地点以及所需携带的材料，等等。虽然录用通知书看似把各项内容写得很齐全，只要求职者答应，双方即可形成用工的合意，但录用通知书不能看作正式的劳动合同，劳动合同有特定的条款要求。

根据《劳动合同法》第十七条的规定，劳动合同需要具备以下条款：（1）用人单位的信息，包含用人单位的名称、法定代表人等。（2）劳动者的个人信息，包含劳动者的姓名、住所、身份证号等。（3）劳动合同的期限。（4）岗位的信息，包含工作时间、地点、内容、休息休假等。（5）劳动报酬。由于面试时间较为短暂，用人单位与劳动者对于彼此的薪资需求只是初步了解，薪资方面往往也是一个大致的范围，所以在签订正式劳动合同时，劳动者可以变更薪酬要求，最终薪酬以签订的劳动合同为准。（6）社会保险的信息，包含社会保险的种类、保险费缴纳的基数、缴纳的分摊比例等。（7）一些特定的高危职业需要特殊的工作条件或者工作防护内容，也需要在劳动合同中相应标明。除了上述条款以外，用人单位如有特别的要求，如对劳动者有保守商业秘密的要求、需要约定的试用期、其他福利待遇的协商等也可以在劳动合同中一并加以注明。因此田威的录取通知书并不能当然地作为正式的劳动合同。

3 未签劳动合同，岗前培训可以看作劳动关系的正式确立吗？

情景再现

莱莱是一个刚入职场的新人，经过层层的简历筛选和面试考核，有幸被一家高新技术企业看中。但莱莱应聘的岗位需要大量的实务经验，她这样一个职场“小白”完全不能满足用人单位的岗位需求。于是用人单位提出先不与其签订正式的劳动合同，而对她进行为期两个月的岗前培训，让其初步了解岗位的工作内容并积累相应的实务经验。岗前培训期间由用人单位按天发放“培训补贴”。莱莱作为新人自然无法拒绝用人单位的要求，认真将精力投入培训之中，两个月的时间内，从事了大量岗位的正式工作内容。然而培训结束后用人单位却以莱莱培训考核不达标、不能满足岗位要求为由拒绝与其签订劳动合同。莱莱一气之下向仲裁委提起劳动仲裁，请求仲裁委保护自己的正当权益。

法律分析

实践中，有部分用人单位在与劳动者正式签订劳动合同前，会对其进行为期一个月到两个月的岗前培训，并且让应聘者初步接触一些正式入职后所要从事的工作。但是对于劳动者岗前培训期间的“补贴”，用人单位通常按天发放且金额很低，根本不能与正式工资相提并论。同时，若劳动者在岗前培训中的表现不尽如人意，用人单位还会在培训结束后拒绝与劳动者签订正式的劳动合同。事实上，从岗前培训开始之日，劳动者就处于用人单位的管理与监督之下，在遵守单位规章制度的同时还要完成部分正式工作的内容，这种情况应当认为劳动者实际处于用人单位的“用工”状态下。

因此，根据《劳动合同法》第七条的规定，企业自用工之日起与莱莱的劳动关系就已经确立，不管是否签订了正式的劳动合同，而岗前培训期间可以看作莱莱的试用期，试用期的工资至少应当按照相同岗位正式工资标准的80%来发放。

4 用人单位要求劳动者交纳保证金才能签订劳动合同，这种做法合法吗？

情景再现

今年刚大学毕业的小新在一家公司顺利通过几轮面试，终于如愿与公司签订劳动合同，但公司却提出了一个奇怪的要求，就是签订劳动合同前需要小新交纳一定数额的现金作为保证金，作用是督促其在该公司认真履行工作职责。当日后小新因严重违反公司的规章制度被辞退时，该部分保证金将不予退还，同时若他在劳动合同约定的期限内跳槽，保证金同样将被“没收”。小新虽然是一个职场新人，但依旧感觉到了一丝异样，于是他拨通了市人力资源和社会保障局的咨询热线，询问公司的这种做法是否违反了劳动方面的法律规定。

法律分析

现在的劳动者在求职过程中会遇到很多令人意想不到的情况，如经过用人单位的面试筛选后，本以为可以顺利获得梦寐以求的工作，却被告知签订劳动合同前需要交纳一定数额的保证金，否则就不予签订劳动合同，同时要求今后劳动者若主动提出解除劳动合同或因为违反单位的规章制度等被开除或辞退，则该部分保证金就不予退还，对此用人单位的理由往往是激励劳动者安心在本单位从事本职工作。

显然，用人单位这种类似“胁迫”的做法是没有法律依据的。根据《劳动合同法》第九条、第八十四条和《劳动部关于贯彻执行〈中华人民共和国劳动法〉若干问题的意见》第二十四条的规定，用人单位在招聘时，不得扣押劳动者的身份证件或者收取任何形式的财物，也不得在劳动者解除劳动合同时扣押其财物。若用人单位违反规定收取“保证金”等，小新完全有权利向劳动行政部门投诉，届时用人单位会被责令退还收取的财物并被处以罚款，甚至需要赔偿小新为此遭受的损失。

5　即将毕业的在校大学生可以跟用人单位签订正式劳动合同吗?

情景再现

小夫是一名临近毕业的大四学生，在校时成绩优异，时间管理能力较强，对自己今后的职业方向也有着清晰的规划。小夫提前完成了毕业论文，进入了一家与自身专业相符的企业开始全职工作，希望快速积累实务经验，早日独立承办业务。从小夫第一天进入企业工作开始，他就努力学习，兢兢业业，但用人单位始终以小夫未毕业为由不与其签订劳动合同。小夫也不以为意，认为在校大学生确实只能做“实习生”，不能成为正式的职工。但令人意想不到的是，小夫的努力没有得到相应的回报，现实给天真的他一记当头棒喝。小夫工作一个月后，用人单位以小夫不适合该岗位为由单方决定不让其继续上班，公然推翻当初毕业就签劳动合同的承诺，同时之前口头承诺的“实习工资”也没有兑现。悲愤交加的小夫拨通了市法律援助中心的热线电话，他想弄清楚法律是否强制规定即将毕业的大学生不能与用人单位签订劳动合同，劳动者遇到这种不公的待遇是否只能吃哑巴亏，而无法积极捍卫切身的权益。

法律分析

在校大学生在用人单位工作一般被称作“实习生”，签订的也是“实习协议”。因为通常用人单位不认为在校大学生是劳动法意义上的劳动者，即使是即将毕业的大学生也是如此，故不会与其签订劳动合同。用人单位这样做往往会导致在校大学生的权益完全无法得到保障，克扣报酬、随时停止所谓的“实习关系”等事件层出不穷。因为没有签订劳动合同，无法得到《劳动法》《劳动合同法》等法律的保护，也无法申请劳动仲裁，所以对于小夫这样的大学生而言，遇到这样的情况只能吃哑巴亏。

关于即将毕业的大学生能否与用人单位签订正式的劳动合

同，我国《劳动法》对于这个问题没有明确的规定。用人单位不与在校大学生签订劳动合同的依据是《劳动部关于贯彻执行〈中华人民共和国劳动法〉若干问题的意见》第十二条的规定："在校生利用业余时间勤工助学，不视为就业，未建立劳动关系，可以不签订劳动合同。"对于该条规定，笔者认为用人单位普遍存在误解。不建立劳动关系、不签订劳动合同的提前是在校生工作的目的是勤工助学。勤工助学是指学生在学校的组织下利用课余时间，通过劳动取得合法报酬，用于改善学习和生活条件的社会实践活动。而对于即将毕业的大学生而言，其目的显然是寻找一份正式的工作，而不是利用业余时间工作，很多即将毕业的大学生都是"全职实习"的。从这个角度来看，小夫和提供劳动而获得报酬的普通全日制劳动者并无差别，应被当作劳动者而与用人单位建立劳动关系，同时签订正式的劳动合同。

6　劳动者提供虚假学历签订的劳动合同有法律效力吗？

情景再现

今年本科毕业的小杉对一份工作很心仪，但是硕士文凭是招聘的硬性要求，于是小杉去网站定作了一张假的硕士文凭用于面试与入职。他投机取巧的行为骗过了面试官和人事部门的负责人，公司与他签订了劳动合同。但之后东窗事发，公司坚决认为小杉存在欺骗行为，因此之前签订的劳动合同也是无效的。

法律分析

根据《劳动合同法》第三条的规定，劳动者与用人单位签订劳动合同时应当遵循合法、公平、平等自愿、协商一致以及诚实信用的原则。换句话说，双方应该坦诚相待，在充分了解彼此的情况下签订合同。对于劳动者在应聘时提供虚假信息、欺骗用人单位签订合同的情况，虽然《劳动合同法》第二十六条规定用欺诈的方式使对方在违背真实意思的情况下签订的劳动合同是无效的，但在实践中，法院判决时对该条文的具体适用有不同的裁判方向。

总的来说，如果用人单位在招聘时明确把学历作为必要条件，而且在签订合同前已经谨慎审查了劳动者提供的资料，之后发现劳动者在应聘时存在欺诈行为的，就像本案中的情况，对于这种劳动合同，法院倾向于认定为无效。但如果用人单位招聘时并没有把学历作为必要条件，同时审查劳动者递交的资料时存在重大失误，在这种情况下，法院会倾向于认为劳动者虽然存在欺诈行为，但是其行为不足以使用人单位违背真实的意愿而签订劳动合同，所以此时签订的劳动合同会被认定为有效。

7 劳动者被迫与用人单位签订的劳动合同有法律效力吗？

情景再现

小宇是一名往届毕业生，他想从事的工作职业门槛高，同时每年的招聘期较为固定。当年毕业时小宇阴差阳错地避开了最好的求职期，导致一年来都找不到心仪的工作，他又是全家唯一的劳动力，因此全家人都非常焦虑。这次小宇前去应聘的公司知道他的难处，就在劳动合同中设置了一些条款，包括“合同期限是五年”“合同到期后用人单位可以视情况决定是否续约，劳动者只能无条件接受”“合同期限内劳动者辞职需要支付违约金”等。小宇正处在人生的艰难期，对此没有太多的选择权，只能签字。工作一段时间后，小宇发现公司的工作氛围很差，岗位前景也不明朗，想要跳槽却被当初签订的劳动合同束缚着。无奈之下，小宇拨通了市里的法律热线，他想了解有没有可能在不支付违约金的情况下解除该份劳动合同。

法律分析

就业市场上的用人单位始终是强势的一方，劳动者面对用人单位无论是行业经验还是行业资源各方面都是处于弱势的一方。用人单位往往利用这一点，“逼迫”劳动者签订权利义务失衡的劳动合同，有些甚至堪比“卖身契”，这些都是严重违反《劳动合同法》的规定的。《劳动合同法》第三条明确规定，用人单位与劳动者订立劳动合同应该遵循合法、公平、平等自愿、协商一致以及诚实信用的原则。同时根据《劳动合同法》第二十六条的规定，一些特殊情况下签订的合同甚至是无效或者部分无效的，这些情况包括用人单位以欺诈、胁迫的手段或者乘人之危，使劳动者违背真实意思而签订劳动合同，或者用人单位免除自己的法定责任、排除劳动者的权利，使劳动合同的双方权利义务严重失衡等。

因此，小宇当初签订劳动合同时，用人单位利用了他当时的艰难处境，明显属于乘人之危的行为，且用人单位在劳动合同中免除自身的责任，排除劳动者的权利，这份劳动合同的不平等条款压根就是无效的，小宇可以向劳动仲裁委员会申请或者向法院起诉请求确认劳动合同无效。

8 用人单位未与劳动者签订劳动合同，劳动者就不能索要报酬了吗？

现在的就业市场上，许多岗位都要求一定年限的实务经验。由于岗位的实践操作与课本上的理论知识相去甚远，所以应届毕业生的就业形势严峻，即使有幸获得用人单位的青睐，也会被要求在该岗位上先“实习”一段时间，熟悉业务后再正式入职。用人单位的强势让许多大学生没有选择的余地，只能应承下来，一边踏踏实实地工作，一边满怀期望地等待入职。正规的用人单位会在“实习”后将大学生正式录用，签订劳动合同以兑现当初的承诺，但是部分用人单位却存在严重侵犯应届大学生权益的行为，如实习期满后，以业务还不熟练、入职需要走程序等种种理由拖延大学生入职的时间，原先承诺的福利也没有丝毫兑现的迹象。当劳动者失望至极并愤然提出辞职后，用人单位就推托说没有签订过劳动合同，所以不予支付相应的报酬。而且，有此类严重违反劳动方面法律行为的用人单位不在少数。

事实上，大学毕业生与在校大学生跟用人单位的关系存在本质上的不同，大学生毕业后进入用人单位工作，就不能称作“实习生”，根据《劳动和社会保障部关于确立劳动关系有关事项的通知》第一条的规定，劳动者在单位从事的是正式的业务，同时遵守单位的劳动规章制度，服从各项管理和安排，即使未签订书面的劳动合同，事实上也形成了劳动关系。而且，根据该通知第二条的规定，劳动者完全可以以单位的“工作证”“登记表”、考勤记录、其他同事的证言作为证据证明存在劳动关系，向单位所在地的劳动仲裁委员会申请劳动仲裁，以同岗位正式职工的标准要求单位支付相应的报酬。

9 计件付薪的工作需要签订劳动合同吗？

计件付薪，顾名思义就是凭借成品的数量支付相应报酬的工作。这类工作有一定的特殊性，一般具有工作时间、工作场所不固定，工作周期短等性质。部分用人单位为了节约人力成本，在招聘这类型岗位的劳动者时不与其签订劳动合同，然而这种做法是完全不符合法律规定的。根据《劳动合同法》第十条的规定，无论工作性质如何，用人单位与劳动者建立劳动关系的同时就应该签订书面的劳动合同，如果没有同时签订书面劳动合同，最迟应该自用工之日起一个月内订立，否则用人单位将面临法律风险。同时根据《劳动合同法》第十七条的规定，计件付薪制的工作签订的劳动合同大部分条款是常规的，只有在薪酬条款上约定按数量计算工资。

10 用人单位不与劳动者签订书面劳动合同有什么法律后果？

情景再现

吕女士是一个对工作条件很挑剔的人，只要工作的地方有让其不满意之处她就会毅然选择辞职，所以她换过好几份工作，工作时间都是半年到一年不等。最近她又“跳槽”到一家新的公司就职。这家公司的面试官查看了吕女士的简历，询问了她之前辞职的原因，在得知她频繁离职的原因后陷入了沉思。面试官对吕女士的随意与挑剔不满，但又考虑到她的知识储备满足岗位的需求，同时该岗位又急需人填补空缺，所以最终决定予以录用。但是该公司“留了一手”，以正式入职需要走程序为由，暂不与吕女士签订劳动合同，这一拖就是大半年的时间。吕女士看中了这家公司的丰厚待遇，所以自正式工作以来也没有提及签订劳动合同一事，两者间保持着一种微妙的默契。

法律分析

部分用人单位内部的人事制度不够规范，雇用劳动者而不与其签订书面的劳动合同，只是口头约定工作的内容、时间、薪酬等，以为不签订劳动合同就可以节省很多的人力成本以及避免不必要的麻烦，殊不知这样做只会让自身陷入更大的风险之中。

根据《劳动合同法》第十条、第八十二条规定，用人单位与劳动者建立劳动关系最迟应该自用工之日起一个月内与其签订书面的劳动合同。若自用工之日起超过一个月还没有签订劳动合同，不影响劳动者与用人单位之间劳动关系的建立，但是单位从第二个月开始每个月要支付给劳动者两倍的工资。同时

《劳动合同法》第十四条第三款规定，若自用工之日起超过一年用人单位仍没有与劳动者签订书面合同，则默认签订了无固定期限的劳动合同，如此一来，用人单位与劳动者的劳动关系将更加牢固，劳动合同没有了期限的限制，遇到经济性裁员的情况需要优先考虑留用签订无固定期限的劳动者，之后重新录用职工时也要优先考虑录用签订无固定期限的劳动者。因此，不签订书面劳动合同对用人单位不利，对作为劳动者的吕女士而言反而多了几道保障。

11 用人单位的分支机构与劳动者签订的劳动合同有法律效力吗?

许多用人单位如果经营状况良好又有开拓市场的需求，就会在全国各地设立分支机构开展业务，这样的情况不算罕见。这些分支机构在当地招聘劳动者时通常用分支机构的名称而非总部的名称来与其签订劳动合同，由此签订的劳动合同是否具有法律效力需要视情况确定，关键是要看这些分支机构有没有依法取得营业执照，主要情形有如下三种：

（1）用人单位在当地确实有开展业务的需求且业务量大，有雇用劳动力的必要，此时用人单位总部一般会将该分支机构在当地的工商行政部门登记备案，依法申请营业执照。根据

《劳动合同法实施条例》第四条的规定，依法取得营业执照或者登记证书的分支机构具有用工主体资格，可以作为用人单位与劳动者订立劳动合同且具有法律效力。

（2）用人单位在当地的分支机构没有在市场监督管理部门登记备案，没有依法取得营业执照，但是获得了总部的授权，可以作为用工单位招聘当地劳动者，此时分支机构与劳动者签订的劳动合同也是具有法律效力的。

（3）用人单位在当地设立的分支机构只是个办事处，用于市场调研与联络，并没有实际开展业务，一般不会申请营业执照或者给予授权，此时若该分支机构招聘劳动者并与其签订劳动合同，由于没有用工的主体资格，签订的劳动合同是没有法律效力的。

12　用人单位可以在劳动合同中随意设定有利于自身的条款吗？

就业市场上，用人单位与劳动者的地位往往不平等，用人单位无疑是强势的一方。这点明显地体现在签订劳动合同时，用人单位会在合同中设定有利于自身的条款，如用人单位可以任意解除与劳动者的劳动合同而不用支付经济补偿金或者可以随意为劳动者调整岗位而无须征得其同意等。这些用人单位增加自身权利，影响劳动者切身利益，进一步扩大两者间地位差距的“不平等条款”虽然在实践中比较常见，但显然是没有法律依据的。

根据《劳动合同法》第三条的规定，用人单位与劳动者签订劳动合同应当遵循合法、公平、平等自愿、协商一致、诚实信用等原则，因此若用人单位在劳动合同中设定的条款为自身增设了权利，同时又免除了自己的责任，限制劳动者的权利，劳动者可以拒绝签署该份劳动合同，或者向劳动行政部门投诉，请求对有关条款作出无效的认定。

13 法律赋予劳动者要求用人单位支付“两倍工资”的权利如何行使?

用人单位与劳动者建立劳动关系需要自用工之日起签订劳动合同，如果用工一个月还没有签订劳动合同，劳动者有权要求用人单位自第二个月起每月支付两倍的工资。我国《劳动合同法》这样规定是为了稳定劳动关系，同时充分保障劳动关系中的弱势方，即劳动者的切身利益。但是权利的行使必定是有所限制的，劳动者也不能因用人单位一时不签订劳动合同，就要求其支付两倍的工资。劳动者行使该项权利的前提是用人单位没有与其签订劳动合同。根据《劳动合同法实施条例》第六条、第七条的规定，劳动者自没有签订劳动合同的第二个月起可以要求用人单位每月支付两倍工资直到第十二个月，满一年后用人单位仍未与劳动者签订劳动合同的，则视为已经签订无固定期限的劳动合同，此时劳动者就无权要求其支付两倍工资了。

劳动者行使权利的方式有很多种，但现实中用人单位往往处于绝对强势的一方，因此劳动者的权利往往只能借助司法机关的力量才能实现，则行使该项权利的诉讼时效成了劳动者必须了解的“知识点”，即最迟什么时候提起劳动仲裁或诉讼能够确保自己的权利得到保障。根据《劳动争议调解仲裁法》第二十七条的规定，劳动者提起劳动仲裁的时效为一年，即要求用人单位支付“两倍工资”要在一年之内提出。

同时，具体的计算方法在实践中又分为两种：（1）诉讼时效逐月计算。简言之，劳动者可以要求“两倍工资”的月数为11个月，这11个月的诉讼时效是分别计算的。例如，劳动者于2020年1月1日正式入职，用人单位没有与其签订劳动合同，则在2020年2月1日起用人单位应当支付两倍工资给劳动者，而2020年2月的两倍工资要求必须在2021年2月1日前提出，否则劳动者将无法主张该项权利，以此类推直到2021年的12月1日，劳动者将彻底失去要求两倍工资的权利。（2）诉讼时效整体计算。这种算法较上一种算法更为简单易懂，同样是2020

年1月1日入职的劳动者，2020年2月至12月共计11个月的工资可以要求用人单位支付双倍，最迟于2021年12月1日前提出，劳动者可以得到所有11个月的两倍工资。上述两种计算方式在实践中都有地区在使用，具体要遵循用人单位所在地的劳动仲裁委员会或者法院的规定。

14 什么情况下劳动者可以与用人单位签订无固定期限劳动合同？

无固定期限劳动合同是用人单位与劳动者签订的无确定终止时间的劳动合同，相较于固定期限劳动合同，两者间的劳动关系更加牢固，是用人单位用来留住高端人才的常用方式，或是对于尽职勤勉的“元老级”职工的一种奖励方式。但是相应地，签订无固定期限劳动合同的条件也比固定期限劳动合同苛刻得多，用人单位一般不会轻易抛出橄榄枝，除非是出于以下几种情况：（1）劳动者与用人单位商量一致可以签订固定期限劳动合同。（2）在该单位连续工作满十年的“元老级”劳动者在续订劳动合同时，用人单位可以签订无固定期限劳动合同以肯定其忠诚与尽职。（3）国企改制后与全体职工重新订立劳动合同或用人单位初次实行劳动合同制度，同样针对“元老级”职工且离退休不满十年的，可以签订无固定期限劳动合同。（4）已经连续两次订立固定期限劳动合同，且劳动者尽职勤勉工作，没有伤病困扰等情况，在第三次续签劳动合同时可以签订无固定期限劳动合同。(5）用人单位自身人事制度不规范，超过一年仍没有与劳动者签订书面合同，作为“惩罚”手段，视为用人单位与劳动者签订了无固定期限劳动合同。

第二节 试用期

1 试用期与正式的工期相比，有哪些特殊之处？

根据我国《劳动合同法》第十九条、第二十条、第二十一条、第三十七条、第七十条的规定，试用期与正式的工作期存在明确的区别。（1）在期限上，试用期是劳动合同期限的一部分，劳动者与用人单位可以随意约定合同期限，也可以约定试用期，但非全日制的工作不得约定试用期，能够约定试用期的最长不能超过6个月。（2）在薪酬上，劳动者在试用期可能得不到与正式工作期相同的报酬，但至少可以得到正式工作期工资的80%，同时还不得低于用人单位相同岗位最低的工资档和当地最低的工资标准。（3）在辞职程序上，正式的工作期除某些特殊情况外，劳动者需提前30天书面通知用人单位，试用期则相对简便，只需提前3天通知用人单位且不要求书面形式。

2　劳动者与用人单位签订劳动合同，试用期如何确定？

情景再现

姜风已经毕业快一年了，由于在校时只顾着玩乐，导致学习成绩平平，又因没有参加各类校园社团和社会实习，这使得他的社交能力在同龄人中并不突出，一直以来都没有找到心仪的工作。最近姜风应聘了一家企业，由于这家企业正处于急需用人的时期，决定对姜风予以录用。但是在签订劳动合同时考虑到他本身资质并不突出，又没有相关岗位的实务经验，就打算与其签订为期一年的劳动合同，同时又约定了为期半年的试用期让他适应岗位的任职要求。姜风认为此次机会难得，就没有提出异议，并把这件事告诉了自己学法律的朋友，这位朋友当即奉劝他与这家企业重新商定试用期的期限或者干脆直接离开这种用工不规范的“黑心企业”。

法律分析

试用期，顾名思义有尝试聘用的意思。这段时期的存在是为了使劳动者与用人单位加深对彼此的了解，相互磨合，同时用人单位也会考察劳动者是否能够胜任相应的职位。一旦其中一方发现不适应的情况，尽早抽身也不至于对彼此造成太大的损害。

我国《劳动合同法》第十九条对试用期的期限有明确的规定。劳动者和用人单位可以在签订劳动合同时对试用期的期限进行约定。如果双方签订劳动合同是为了完成一定量的工作任务，任务结束后劳动关系就解除，或者劳动合同期限不足3个月的，不得有试用期；合同期限3个月以上但不到1年的，约定的试用期不得超过1个月；1年以上不到3年的，试用期不得超过2个月；3年以上合同的试用期可以更长些，但最长的期限为6个月。同时，值得注意的是，试用期的约定只能有一次，用人单位不能与劳动者约定多次试用期且不能仅仅约定试用期，试用期要包含在劳动合同期限内。针对本案当事人姜风的遭遇，他朋友的分析是正确的，企业存在不规范的用工行为，姜风可以与企业重新约定试用期的期限或者直接离开，另谋高就。

3 劳动者的试用期工资按什么标准支付?

用人单位在签订劳动合同时，一般情况下都会与劳动者约定一定期限的试用期来考察劳动者是否满足求职岗位的要求。虽然劳动者在试用期从事的工作和正式入职时无论是从质还是量上都没有太大的差别，但是劳动者试用期的工资与正式入职后的工资相比却是天差地别。部分用人单位为了节约人力资源成本，在劳动者处于试用期时按天结算工资，而且数额也是低得惊人。用人单位的这种做法显然是不符合法律规定的。《劳动合同法》第二十条明确规定了用人单位在试用期向劳动者支付工资的标准。事实上，劳动者的试用期工资不得低于用人单位相同岗位最低一档的工资标准或者签订的劳动合同中约定的正式入职工资的80%，同时如果用人单位最低一档的工资标准或劳动合同中约定的入职工资的80%低于用人单位所在地的最低工资标准，则用人单位需按照所在地的最低工资标准支付劳动者试用期工资。

4 劳动者在试用期辞职可以说走就走吗?

试用期无论是对用人单位还是对劳动者而言，都是一个深入了解彼此的时期，特别是对于劳动者来说还是一个正式入职前的缓冲期。因为这段时期双方的劳动关系还比较“松散”，劳动者一旦发觉用人单位的岗位不符合自己的预期或者与用人单位的磨合并不理想，解除彼此之间劳动关系的程序还是比较简便的。但此时劳动者与用人单位毕竟有劳动合同的约束，所以不可以说走就走，不能当天提出辞职，第二天就不上班了。根据《劳动合同法》第三十七条的规定，劳动者正式入职后若想辞职需要提前30日书面通知用人单位。但试用期的辞职程序相对简单，劳动者无须以书面形式通知用人单位离职的意愿，只需提前3天，也可以用口头形式通知用人单位并完成工作的交接就可以顺利离职了。

5 试用期结束后，用人单位能否随意辞退劳动者？

在当前的就业大环境下，劳动者往往是较为弱势的一方，在试用期就常被用人单位“压榨”，好不容易盼到试用期结束即将转正，却被通知不适合从事该岗位的工作而被辞退。

我国《劳动法》第二十五条赋予了用人单位辞退劳动者的权利，规定劳动者若不符合录用条件，用人单位可以解除劳动合同。《劳动合同法》第二十一条有更为细致的规定，要求用人单位在辞退时须向劳动者说明理由。但是，关于所谓的理由，法律没有明确的规定，由用人单位“灵活”运用，这就导致辞退理由往往暧昧不清，大多都是以“不符合录用条件”一言蔽之。其实，劳动者大可不必吞下这“哑巴亏”，可以向劳动行政部门投诉，或者申请劳动仲裁以积极捍卫自身的权利。在实践中，劳动行政部门或者法官会要求用人单位出具记录“录用条件”的文件，或者岗位的业绩考核制度等文件并解释为何劳动者不符合“录用条件”，一些本身制度不健全、管理不善的企业显然是无法举证的，劳动者就能借此保障自己的权利。

6 用人单位随意延长试用期，应当承担怎样的法律责任？

情景再现

王一奇大学期间主修计算机专业，毕业后在一家企业找到了一份网络工程师的工作，俗称IT，双方已经签订了劳动合同，约定实习期为两个月。由于王一奇在校成绩并不突出，理论基础不是很好，加上该岗位对实践经验要求较高，所以两个月以来他的表现不尽如人意，工作上手的速度比较慢，完成质量也较低。企业领导商议后，决定与他签订一份将其试用期延长至六个月的补充协议，王一奇认为自身确实能力不足，就服从了企业的管理安排。6个月后，企业再次以他业务不熟练为由要求再次延长试用期至一年。这次王一奇拨通了法律援助热线，希望能弄清楚企业这种随意延长试用期的做法是否有法律依据。

法律分析

我国《劳动合同法》第十九条对试用期的期限有明确规定。但实际情况是，仍然有不少用人单位对试用期的性质存在误解，认为试用期是降低单位用人成本的绝佳时期，比如可以按照正式薪酬的80%支付报酬，试用期内无须为劳动者缴纳社会保险，试用期的工作也不列入绩效奖金的考评等。甚至有的用人单位将试用期一再地延长，侵害劳动者的利益，而大多数劳动者处于弱势一方，法律意识也较为淡薄。

试用期其实是一种保护机制，同时保护了劳动者与用人单位，使两者在磨合不佳的情况下可以抽身退出而不必大伤元气。试用期的劳动者与正式的职工并没有本质上的不同。但是，如果用人单位确实做出了过分的行为，劳动者也必须学会适时保护自身的利益。根据我国《劳动合同法》第八十三条的规定，此时王一奇可以向劳动行政部门投诉企业的违法行为，要求企业改正，如果不幸已经履行了违法延长的试用期，可以要求用人单位以试用期满后的月工资的标准来支付超过法定试用期的期间的赔偿金。

7 用人单位能否在试用期考察合格后才与劳动者签订劳动合同?

很多用人单位在不了解劳动者的能力之前，为了防止自己被劳动合同“套牢”，往往利用自己的强势地位与劳动者约定试用期，在试用期结束后，劳动者被证明能胜任工作再采取倒签的方式与其签订劳动合同，这种现象在一些对实践经验要求很高的职业领域中尤其普遍。现在就业市场上，许多劳动者的理论基础与实践能力脱节，职场新人完全不符合用人单位的要求，所以用人单位在试用期结束后再与劳动者签订劳动合同的做法也有一定的合理性，但这种行为在法律上显然是不被允许的。根据《劳动合同法》第七条的规定，用人单位自用工之日起就与劳动者建立了劳动关系，而根据《劳动合同法》第十条的规定，建立劳动关系就应当签订书面的劳动合同，最迟应在劳动关系建立的一个月内订立书面的劳动合同，否则用人单位会将自己置于法律风险之中。根据《劳动合同法》第十九条的规定，用人单位与劳动者约定的试用期是包含在正式的劳动合同期限中的。

第三节　服务期与竞业限制期限

1　劳动合同中的服务期条款对劳动者有哪些限制?

现如今很多工作岗位要求劳动者具备大量的实践经验，实在不是一个职场新人在签完合同后就能立刻上手的。因此针对这种情况，用人单位一般会对招聘的劳动者进行专门的技术培训，还会提供专项的培训费用，但同时会与劳动者约定所谓的服务期，即劳动者需要在该单位工作满一定期限，一旦中途违反服务期的约定“跳槽”就需要向用人单位支付相应的违约金。

服务期条款的出现是由于用人单位提供了培训费用，故有可能发生在签订合同时或者在合同履行过程中。服务期的长短各不相同，有短于合同期限的，也有长于合同期限的。根据我国《劳动合同法实施条例》第十七条的规定，当劳动合同期满，而约定的服务期还没有到期时，用人单位有权利决定是否要求劳动者继续工作直到服务期结束。此时，劳动者需要接受用人单位的决定，若执意提前离职，就要支付相应的违约金。

2　劳动者在服务期内辞职必须支付违约金吗？

情景再现

秋玲被一家科技公司高薪录用为项目经理，公司对她非常重视，为了帮助她迅速熟悉业务，公司还安排她参加统一的业务培训。但是天下没有免费的午餐，公司为秋玲花费了大量的人力财力，自然要将她与公司“捆绑”一段时间。于是就在劳动合同中设定了服务期，约定秋玲至少需要在公司工作三年才能离职，如果提前辞职就必须支付大额的违约金。劳动合同签订后，秋玲开始参加培训并且顺利工作，但是公司后来无缘无故克扣她的工资，起初还用系统错误等理由搪塞，之后就堂而皇之地这么做了。秋玲刚开始还能忍耐，时间一长终于忍无可忍，愤然提出辞职，由于服务期尚未结束，公司要求她按照合同的约定支付违约金后才能办理离职手续。悲愤交加的秋玲向公司所在地的劳动仲裁委提起劳动仲裁，请求仲裁庭还自己一个公道。

法律分析

劳动者签订有服务期条款的劳动合同的确会对自身产生一定的限制，但这并不意味着在服务期内劳动者与用人单位就绝对地“捆绑”在一起。如果用人单位因服务期的限制而有恃无恐，严重侵犯劳动者的权益，劳动者自然可以辞职且不用支付违约金。劳动者可以单方面解除劳动合同的情形根据《劳动合同法》第三十八条的规定有如下几种：（1）用人单位不重视工作环境，劳动者工作安全没有保障或者没有获得之前约定的劳动条件来开展工作。（2）用人单位拖欠劳动者的工资报酬。（3）入职后要求劳动者全额自付社会保险费或缴纳的比例不符合法律规定。（4）用人单位的规章制度违反了法律法规，侵害了劳动者的权益。（5）签订的劳动合同本身就是无效的。（6）用人单位采用暴力、威胁、非法限制人身自由等违法方式强迫劳动的。面对以上恶劣的行径，劳动者完全可以立即辞职走人，甚至不需要通知用人单位。因此，本案例中公司未及时足额支付劳动报酬，秋玲完全可以自由辞职而不需要支付违约金。

3 用人单位所有的秘密都是“商业秘密”吗？

用人单位常常要求劳动者保守单位的“商业秘密”，甚至白纸黑字写进劳动合同里，一些高新技术企业尤其重视劳动合同中这部分的内容。那么是否单位的所有秘密都是“商业秘密”呢？答案自然是否定的。

我国《反不正当竞争法》第九条对“商业秘密”的概念

有明确规定，主要指一些企业的技术信息或者经营信息且有三个不可或缺的特点：(1) 不为公众所知悉，只有小部分人得知。(2) 具有商业价值，能为拥有商业秘密的企业带来商业利益。(3) 持有商业秘密的企业采取了必要的保密措施来防止秘密泄露，最常见的就是与知晓秘密的人签订保密协议，约定泄密后果等。因此，不满足上述条件的秘密自然不能算作法律意义上的“商业秘密”。

4　劳动者保守用人单位的商业秘密，可以要求报酬吗？

重大的商业秘密可能直接关系到一个企业的兴衰存亡，那保守商业秘密的劳动者在负有义务的同时自然有权利享受应有的回报，用人单位也有义务给予负有保密义务的职工相应的报酬。但是具体的情况我国法律是有所区分的。第一种情况，负有保密义务的劳动者在任职期间，出于对用人单位的忠诚义务其实是不应当额外要求报酬的。况且用人单位支付的工资其中一部分就已经包含了针对保密行为的报酬。第二种情况，劳动者离职之后就摆脱了原有的忠诚义务的限制，针对这种“跳槽”可能带来的商业秘密泄露，用人单位一般采用劳动合同或保密协议中的竞业禁止条款来加以限制，即约定在解除或终止劳动合同后，劳动者在竞业限制期内不得到与本单位生产或经营同类产品、从事同类业务的有竞争关系的其他用人单位，或者自己开业生产或者经营同类产品、从事同类业务的竞业限制。此时劳动者可以要求原单位在竞业限制期限内按月支付一定的经济补偿，如果原单位不按照约定支付经济补偿，劳动者自然也没有遵守竞业限制条款的义务了。

5 任何劳动者都需要与用人单位签订竞业限制协议吗?

用人单位与劳动者签订竞业限制协议大多是为了保护自身的商业机密不被那些离职的职工透露给竞争对手，所以只有那些有可能接触到核心商业秘密的职工才有必要签订竞业限制协议，并不是任何劳动者都需要签订竞业限制协议。《劳动合同法》第二十四条第一款对竞业限制人员的范围进行了明确的规定，竞业限制人员仅限于用人单位的高级管理人员、高级技术人员以及其他负有保密义务的人员。除上述人员外的普通员工不需要跟用人单位签订竞业限制协议。

6 竞业限制的期限可以任意约定吗?

根据《劳动合同法》第二十四条第二款的规定，竞业限制协议的内容往往是约定用人单位中能接触到核心商业秘密的职工在离职后一段时间内不能到与原单位经营同类产品、从事同类业务的有竞争关系的其他用人单位，或者自己开公司生产经营同类产品、从事同类业务。这意味着离职人员如果没有其他专业技能就只能处于待业的状态，长此以往即使用人单位每月支付一定的补偿金，劳动者依然可能保障不了自身的基本生活。因此竞业限制的期限于情于理都不能任意约定，尤其是不能随意约定得很长。《劳动合同法》第二十四条第二款对竞业限制的最长期限作出了明确规定，用人单位与劳动者约定的竞业限制期限在解除劳动合同或终止劳动关系后不超过两年为合法。

第四节　劳动合同的解除与经济补偿

1　用人单位可以与劳动者约定劳动合同终止的条件吗?

情景再现

程先生在一家刚创立的设计公司就职，每天需要长时间伏案工作，制图绘图又是一项十分精细的工作，需要高度的精神专注度，但是有时又十分枯燥无聊。程先生每天都需要紧盯着电脑屏幕工作，大半年以来他发现自己的视力开始渐渐下降，工作时注意力也经常无法集中，导致工作效率大打折扣，一些低级错误也频频出现。老板注意到了程先生的问题，经过几次严厉的提醒后发现他依然没有改进，于是根据当初签订的劳动合同中的条款，向其说明因为他无法胜任当前岗位的工作要求，劳动合同已经终止，他与公司的劳动关系也结束了，必须尽快离开公司。程先生非常震惊，但当他拿出合同时发现这一条款确实白纸黑字地写在上面。无奈之下他拨通了市民法制热线，寻求专业法律人士的帮助来确认劳动合同这样约定是否真的有效。

法律分析

用人单位与劳动者签订劳动合同后可以通过协商一致的方式变更或者终止劳动合同，但部分用人单位为了人事处理上的便捷，直接在签订的合同中约定了合同终止的条件，如类似“劳动者不能胜任当前工作时，劳动合同自动终止”的条款。事实上，用人单位不能图一时方便而在合同中约定这样的条款。根据《劳动合同法》第四十四条的规定，劳动合同终止意味着用人单位与劳动者两者间劳动关系的结束，属于劳动关系期间发生的重大变更事项。在如下情形下劳动合同才能终止：（1）劳动合同期限届满，劳动合同与劳动关系自然就终止了。（2）劳动者退休开始享受基本养老保险时，其严格上来说已经不是劳动者了，与用人单位的劳动合同自然就终止了。（3）劳动者死亡或被法院宣告死亡，劳动合同没有履行的可能性，劳动合同终止也是必然的。（4）用人单位被依法宣告破产，被吊销营业执照、责令关闭、撤销或者用人单位决定提前解散。与上一条原因一样，作为合同一方的用人单位“死亡”，合同自然就终止了。除了上述原因，《劳动合同法》虽然没有明确说明能否约定劳动合同终止的条件，但《劳动合同法实施条例》第十三条对这一点予以明确，除了《劳动合同法》第四十四条的情形，用人单位不得与劳动者约定其他劳动合同终止的条件。因此程先生与公司的劳动合同中约定的劳动合同终止条件是无效的。

2 劳动合同在哪些情形下可以被解除？

劳动合同是用人单位在平等自愿的基础上签订的，那么作为平等的体现，用人单位与劳动者同样都具有解除劳动合同的权利。根据《劳动合同法》第三十六条、第三十八条、第三十九条、第四十条的规定，可知劳动合同被解除的情形分为双方约定解除与法定条件解除，前者为用人单位与劳动者协商一致解除，后者又可分为用人单位单方提出解除与劳动者单方提出解除。

用人单位与劳动者协商一致解除劳动合同比较常见，双方也是用比较友好的方式结束彼此间的劳动关系，剩余两种相较之下就显得有些“撕破脸皮”了。用人单位可以单方提出解除劳动合同的情况有十种：（1）劳动者在试用期的工作不符合单位的规定，用人单位证明其不适合所在的岗位。（2）劳动者不忠于自己的本职工作，严重违反了单位的规章制度。（3）劳动者因重大失职或营私舞弊的行为造成了单位巨大的损失。（4）劳动者与其他用人单位也建立了劳动关系且严重影响了自己的本单位工作。（5）劳动者存在弄虚作假的行为，如对自己用于从事特定职业的资格造假或过分拔高自己的能力使用人单位误信而与之签订合同。（6）劳动者因为违法被判刑，无法继续履行劳动合同或者对单位的名誉等造成了重大影响。(7) 劳动者非因工受伤，治疗后无法从事原先的工作，也无法适应新的岗位。(8) 劳动者随着工作的深入发现力不从心，无法胜任当前的工作，对其培训或者调岗后依然无法胜任工作。(9) 先前劳动合同订立的基本情况发生重大变化无法继续履行，如单位的生产项目发生改变，劳动者供职的岗位被取消等，同时，劳动者与用人单位无法就变更合同内容达成一致。(10) 用人单位生产经营不善面临破产，重新整顿业务或者面临重大技术革新，产业转型需要经济性裁员。

劳动者可以单方提出解除劳动合同一般是由于用人单位存在一定的过错，侵害了劳动者切身的利益，主要有以下几种情况：(1) 用人单位没有兑现其在合同中对劳动者的承诺，如任意克扣劳动报酬，没有及时足额支付劳动者工资。(2) 用人单位没有按照法律规定的社保种类、基数、期限足额缴纳社会保险费而损害了劳动者的正当权益。(3) 劳动者无法获得正常的工作条件。一些高危职业甚至会因糟糕的工作环境而有人身损害的危险，自然没有必要继续履行劳动合同中的义务，劳动者可以单方解除劳动合同。(4) 用人单位存在“恶劣”的行为，如肆意让劳动者加班而不支付加班费，随意给劳动者调岗等违反自身规章制度或法律规定的行为。(5) 用人单位为了吸引劳动者就职而捏造虚假的资质或利用自身的强势地位胁迫劳动者签订合同。(6)用人单位采取暴力、威胁或者非法限制人身自由等方式强迫劳动者工作的，这种情形已涉嫌违法犯罪，劳动者可以毫不犹豫地直接解除劳动合同。

3 用人单位可以单方辞退不能胜任工作的劳动者吗?

情景再现

宏栋是一名车间工人，几十年如一日地在流水线上工作。流水线的工作大多是重复性的且技术含量较低，所以宏栋虽然上了年纪但依然可以胜任当前的工作。他对于自己的工作没有什么奢求，只希望安稳地做完最后五年然后退休养老。不幸的是，一名年轻工人因未按正确程序操作机器误伤了宏栋，使他丧失了部分劳动能力，再也无法重新回到流水线工作。宏栋所在的企业此时竟要以其不能胜任当前工作为由将其辞退。悲愤交加的宏栋申请了劳动仲裁，他想了解企业是否可以在这种情况下单方辞退自己这样的“元老级”员工。

法律分析

根据《劳动合同法》第四十条的规定，劳动者因病就医后出现了不能胜任原有工作的情况，也不能从事用人单位另行安排的工作；或者由于劳动者本身工作能力不足不能达到原先岗位的任职要求，经用人单位培训或者调整到其他岗位后，仍然不能从事该岗位的工作，这时用人单位就可以解除与劳动者的劳动合同，让其离开单位。由于劳动者达不到用人单位的工作要求，用人单位将其辞退也无可厚非，且《劳动合同法》也有相关规定。但是现实中部分用人单位滥用手中的“权利”，借助“劳动者不能胜任工作”的名义随意辞退合格的劳动者，从而引发劳动纠纷的事例也屡见不鲜。于是法律为了减少这种情况的发生，对用人单位手中的“权利”作出了一定的限制，换句话说，用人单位在部分情况下不可以单方辞退不能胜任工作的劳动者。

劳动者无法满足工作岗位的要求可能是因为患病，或者是因为自身能力的不足。根据《劳动合同法》第四十二条的规定，在下面四种情形下，用人单位不能单方辞退劳动者：（1）因用人单位的“过错”导致劳动者患病而达不到岗位的任职要求。具体情形为劳动者在该单位从事患职业病风险较高的工作，在工作期间患上了职业病；劳动者从事接触职业病危害作业用人单位未对其进行离岗前的职业健康检查；劳动者遭受工伤而丧失了全部或部分的劳动能力。（2）劳动者患病或非因工负伤还在治疗期间或者疑似职业病病人在诊断或者医学观察期间，此时辞退劳动者等同于落井下石，故法律强制规定用人单位不能这么做。（3）针对女性劳动者的特殊保护。女性劳动者在“三期”内，即所谓的孕期、产期、哺乳期内，用人单位不能因为其工作效率下降，达不到岗位任职要求将其辞退，否则会引发道德和法律上的双重风险。（4）针对单位“元老级”劳动者的特殊保护。对于那些在单位工作满十五年，离退休又不到五年的职工，考虑到其为单位作出的贡献，为了让其安然度过作为劳动者最后的一段时间，自然不能在这种情况下将其辞退，即使此时其已无法满足岗位的任职要求。因此，企业是不可以单方辞退像宏栋这样因工伤而无法继续从事原本工作的“元老级”员工的。

4 劳动者不胜任当前职位，用人单位能随意调岗降薪吗？

情景再现

林聪聪毕业后进入了一家高新技术产业公司任职，虽然在校时她的成绩名列前茅，但是理论与实践总是有不可跨越的鸿沟。入职不到半年，林聪聪就发现自己工作力不从心，工作效率低下，使整个团队的工作进度都被她拖慢了。公司领导得知此事后主动找到林聪聪，认为她现在的能力无法胜任当前的岗位，要给她换一个岗位，当然调整后的岗位薪酬会比现在低很多。林聪聪觉得很委屈，就在法律网站上找在线律师答疑解惑，她想弄清楚虽然自己确有不足之处，但是公司单方决定调岗降薪的做法是否符合法律规定。

法律分析

许多工作岗位都要求劳动者具备丰富的实践经验，这对于刚步入职场的新手而言确实是不小的挑战。事实证明，部分劳动者在入职工作一段时间后，发现自身并不能适应工作岗位的要求，渐渐显得力不从心，从而心态也发生转变，消极怠工。对于用人单位而言，这是最不能容忍的行为之一，想要辞退劳动者，但无奈劳动者并没有犯重大错误或损害单位的利益，还没有达到辞退的程度，一旦强制辞退又需要依法给予经济补偿，成本很高。于是，用人单位经常想出一招，就是将该名劳动者调动到待遇较低的岗位上去，以此提高岗位整体的效益。

虽然从情理上来说，用人单位的做法无可厚非，但是从法律的角度来说，显然违反了《劳动法》的相关规定。根据《劳动合同法》第四十条的规定，用人单位在对劳动者调岗后，劳动者若仍不能胜任相应的工作，用人单位可以辞退劳动者，这确实赋予了用人单位单方面调整岗位的权利。但是调岗意味着工作内容等发生改变，即劳动合同的内容发生变更，这需要劳动者与用人单位协商一致且需要采用书面的形式确定下来，即使实践中没有那么规范，但这种单方性权利也不能被肆意滥用。

用人单位在调岗前需要证明劳动者确实不能胜任当前的工作，具体方式如出具岗位说明书、目标责任书、相应工作记录等。同时，一般需要对该名劳动者进行必要的岗位培训，之后，若其仍不能顺利“上手”相应的工作才能得出“无法胜任”的结论，最后还要确保调整后的岗位能与其能力相适应，不能为了提高效益随便安排一个职位，这样就失去了调岗的意义。因此就本案而言，公司对林聪聪调岗降薪的做法过于草率，显然不符合法律的规定，林聪聪可采取提起劳动仲裁等方式依法维护自身的权益。

5 劳动合同中约定“根据实际需要调整岗位”的条款有效吗?

情景再现

江诺大学毕业后被一家小有名气的民营企业聘用，在签订合同时她发现了一条奇怪的条款，大致是说企业可以根据实际需要调整她的岗位，企业解释这是为了帮助她找到最适合的岗位。因为这次入职机会难得，江诺没细想就签订了该份劳动合同。没承想自入职半年多以来，企业不间断地为她调换了七八个岗位，每个岗位都不超过一个月。如此简短的时间根本不可能完全熟悉岗位的工作需求，也无法真正学到对自身有益的技能。江诺开始意识到情况不对，企业有把她当作廉价劳动力的意图，于是她翻阅了相关的法律书籍，想要弄明白企业是否可以在劳动合同中约定“根据实际需要调整岗位”的条款。

法律分析

劳动合同中的条款一般分为必备条款与约定条款，其中约定条款一般由双方协商一致确定，“用人单位根据生产经营需要可调整劳动者的岗位”这样类似的条款经常出现在约定条款中，但这样的约定真的有法律效力吗？

答案是否定的。根据《劳动合同法》第三条和《劳动法》第十七条的规定，订立劳动合同需要遵循平等自愿及协商一致的原则，既然签订了包含“根据实际需要调整岗位”条款的劳动合同，就证明该条款是出于劳动者真实的意思，且与用人单位已经协商一致，所以应当具有法律效力。但是在现实生活中，用人单位往往利用其自身的强势地位“迫使”劳动者签订劳动合同，从而获得单方面随意调整劳动岗位的权利，侵害劳动者的权益，由此引发的劳动争议也屡见不鲜。于是，若发生劳动争议，法院或者仲裁庭一般会要求用人单位出示劳动者无法胜任原工作或者调岗没有超过合同约定的工作范围且具有合理性的证明材料，否则就会判决用人单位可以随意调整劳动者岗位的约定条款无效。这样既尊重了劳动合同双方的意愿又保障了劳动者的切身权益。就本案中江诺的遭遇而言，企业不断调岗，显然超过了合同约定的工作范围，也明显不合常理，是一种违反《劳动合同法》的行为，江诺可以依法保障自身的权益。

6 用人单位可以解雇不服从劳动安排的劳动者吗?

情景再现

阿东是初入职场的新人，从小娇生惯养的他还没有习惯从大学生到职场工作者的角色转换，上班自由散漫，迟到早退时常发生，工作效率也非常低，甚至有时会因为自己的事情耽误公司的业务，严重影响了公司的日常运作。于是某天公司以不服从劳动安排为由对阿东提出了解雇。阿东对此非常不服，向公司所在地的劳动仲裁委员会提起了劳动仲裁，请求仲裁庭认定公司作出的解雇决定是无效的，并且确认他可以继续在公司上班。

法律分析

劳动者签订了劳动合同，就应当按照劳动合同的约定认真履行自己合同项下的义务。如果劳动者没有服从用人单位的劳动安排，用人单位是否可以因此将其解雇呢?

这个问题需要分两种情况来解答。根据《劳动合同法》第三十二条、第三十九条的规定，第一种是用人单位存在违章指挥，命令劳动者冒险作业的情况，这样的劳动安排会对劳动者的生命安全造成威胁，此时劳动者即使不服从有关安排，也不视为违反劳动合同的约定。第二种情况是用人单位的劳动安排合理合法，没有危及劳动者的人身安全，劳动内容也符合劳动者的能力。此时若劳动者不服从用人单位的安排，严重违反了单位的规章制度，用人单位就可以单方解除与劳动者的劳动合同，同时不用支付经济补偿金。本案中，阿东违反公司的考勤制度，工作怠惰，严重影响公司运作，公司可以单方解除劳动合同。

7　用人单位能因劳动者“赚外快”而单方解雇劳动者吗?

情景再现

吕先生是一名普通的公司职员，每日的工作简单但收入也相对微薄，只够勉强维持自己的生计。吕先生有一项爱好就是看推理小说，偶尔也尝试自己创作短篇小说，为了让自己的生活更富裕些，他试着向各出版社投稿，还收到了出版社的反馈，至此吕先生开始通宵尝试写作，导致白天上班总是精神不佳，经常犯困并犯一些低级错误。部门经理得知了吕先生的情况，要求其停止下班后的写作活动，而吕先生认为下班后的时间应当由自己自由支配，于是依旧我行我素地进行创作。不久公司就向吕先生下达了单方辞退的通知，对此他非常不服，并向一位学法律的朋友咨询了这方面的问题，他始终认为公司没有权利干涉其业余生活。

法律分析

全日制劳动者在主业之外运用自己的特长或爱好赚些“外快”是可以理解的，我国《劳动法》也没有赋予用人单位干涉劳动者业余生活的权利。但是，这种“兼职”工作也不是毫无限制的，根据《劳动合同法》第三十九条的规定，如果用人单位的规章制度中明确规定单位的职工不能在业余时间从事其他的兼职工作，或者在发现职工有兼职的情况后要求其停止，而职工拒不改正自己的行为，或者职工本人由于兼职工作花费了太多的时间和精力以致严重影响了自己单位的工作任务，有上述任一情况，用人单位就可以单方解除与该名职工的劳动合同。本案中，吕先生用下班时间从事写作本是没有问题的，但是通宵写作导致精神不佳，影响了本职工作，在上级领导提出后仍不改正，故公司有权利单方解雇吕先生。

8 用人单位口头解雇劳动者的决定有法律效力吗?

用人单位口头解雇劳动者的行为是否具有法律效力，对此劳动相关的法律法规并没有明确的规定。《劳动合同法》第五十条规定，用人单位在解除或者终止劳动者的劳动合同时应出具解除或者终止劳动合同的书面证明，同时《劳动合同法》第八十九条规定，用人单位未向劳动者出具解除或者终止劳动合同的书面证明，劳动行政部门应责令其改正，若因此给劳动者造成了损害，用人单位还要承担赔偿责任。

但是出具解除或终止劳动合同的书面证明只是一个程序性的事项，是为了方便劳动者办理失业登记，在应聘新工作时向新的单位证明之前的劳动关系已经结束，法律也只是规定用人单位在这件事上有补正程序瑕疵的义务，以及承担赔偿损失的责任。因此口头解雇劳动者的决定有无法律效力要根据具体的情况具体分析，若用人单位下达口头解雇决定后有积极的行动，如开始配合劳动者整理个人的资料物品，办理劳动者档案和保险关系的转移等，此时说明用人单位确实要解除与劳动者的劳动关系，口头解雇的决定就是有法律效力的。相反，如果用人单位没有采取积极的解雇行动，劳动者依旧正常上下班，这说明当时的口头解雇决定极有可能是单位领导恼怒时说的一句气话。

9 劳动者能以用人单位未通知工会就解除合同为由要求赔偿吗?

《劳动合同法》虽然规定了用人单位在某些情况下可以单方解除与劳动者的劳动合同，但是实践中用人单位往往处于绝对强势地位，为了防止用人单位利用单方解除权随意解除劳动合同，损害劳动者的权益，《劳动合同法》第四十三条规定了用人单位在单方解除劳动合同前必须将解除的理由通知工会，若单方解除违反规章制度或法律规定，工会有权要求用人单位纠正。根据这条规定，是否可以认定如果用人单位没有事先通知工会，其作出的单方解除合同决定就是违法的，劳动者可以此要求用人单位承担赔偿责任？

为了权衡用人单位和劳动者两者的利益，笔者认为需要采取折中的方式看待这个问题。用人单位未征求工会意见即解除劳动合同，确实违反了《劳动合同法》的规定，是违法解除劳动合同的行为，应向劳动者支付赔偿金。但是，如果用人单位解除劳动合同确实事出有因，如劳动者违反了单位的规章制度或者严重失职给单位造成了重大的损失，而没有通知工会仅仅是在行使权力的程序上有一定的瑕疵。为了调和两者的矛盾，可以给用人单位一个补正程序性问题的机会，即采取“事后通知”工会的形式，补正相关程序，从而使该程序性瑕疵得以修复。此时，劳动者不能再以用人单位违法解除劳动合同为由要求用人单位支付赔偿金。换句话说，如果劳动者想要以用人单位未通知工会就解除合同为由要求赔偿金，需要用人单位既没有事前通知也没有事后补正。这样操作既维护了法律的严肃性，又考虑到了用人单位单方解除劳动合同确实事出有因的情况，在一定程度上体现了司法的人性化。

10　劳动者如何应对用人单位违法解除劳动合同?

就业市场上，用人单位始终是相对强势的一方，当其单方解除与劳动者的劳动合同时，即使有工会作为保护劳动者权益的一道保障，但效果也是不尽如人意的，因为用人单位可以运用事后通知的形式使法律程序上的瑕疵得到弥补。但是，这只是针对用人单位有正当理由辞退劳动者的情形，当用人单位随意滥用单方解除权，违法解除劳动关系侵害劳动者权益的时候，法律还是会站在弱势的劳动者一边。

根据《劳动合同法》第四十八条的规定，当劳动者确定用人单位解除劳动合同违法时，劳动者可以选择如下两种方式来维护自身的权益：其一，劳动者可以要求用人单位继续履行之前被违法解除的劳动合同，劳动者继续从事原来的工作。这意味着双方劳动关系恢复如初，权利义务也不发生改变，这对劳动者而言免去了重新求职的麻烦，降低了时间成本。其二，劳动者认为之前发生的事会在自身与单位之间产生隔阂，不愿意继续在原单位工作，或者用人单位在解除劳动关系后立刻又聘请了合适的人员，填补了职位上的空缺，使得原先的劳动合同已陷入履行不能，则劳动者可以选择离开该单位，同时可以要求用人单位赔偿自己因此而遭受的损失。赔偿标准为按工作年限计算的经济补偿金的两倍数额。

11 用人单位与劳动者解除劳动关系后还需要履行哪些职责？

用人单位一句“你明天开始不用来上班了”就把劳动者扫地出门，劳动者一句“我不干了”就甩手走人，然而双方一拍两散的情形一般只出现在电影桥段中。在现实生活中，用人单位与劳动者解除劳动关系后还要履行后续的职责。根据《劳动合同法》第五十条的规定，用人单位应在解除或者终止劳动合同时出具解除或者终止劳动合同的书面证明，否则根据《劳动合同法》第八十条规定会被劳动行政部门责令改正，造成劳动者损失的还要承担赔偿责任。除了书面证明，用人单位还需要在15天内为劳动者办理档案和社会保险关系的转移手续，并将已经被解除或者终止的劳动合同文本妥善保存两年以供劳动行政部门检查。劳动者在解除劳动关系后同样有需要履行的职责，劳动者需要按照当初双方的约定，将手头的工作交接完成才能顺利离职，有些用人单位甚至会规定不交接完工作就不支付经济补偿金来约束劳动者随意离职的行为。

12 劳动合同到期不续签，用人单位将承担何种法律后果？

情景再现

小匆两年前进入一家公司，当初签订的劳动合同期限为两年。两年来小匆一直严格要求自己，工作上勤勤恳恳，高效率完成上级分配的任务。可令她感到疑惑的是，在两年劳动合同到期后，公司并没有提起续签劳动合同的事情，但劳动薪酬及各项待遇一直按照之前合同的标准发放，小匆有一定的职场经验，她知道随着自己在公司工作年限的增长，相应的福利待遇也应该跟着增长才对，本来这次合同到期是一个良机，想与公司签订各方面待遇条件更好的劳动合同，然而现在公司对此只字不提，装作一切如旧。小匆翻阅了与劳动相关的法律书籍，她想了解公司的做法是否符合劳动方面法律的规定。

法律分析

劳动者与用人单位一般签订的是固定期限的劳动合同，意味着这样的劳动合同是会到期的。一旦合同到期，用人单位与劳动者都没提出续签，根据《劳动合同法》的规定，这份劳动合同就终止了，但劳动关系却没有因此而终止，因为根据《最高人民法院关于审理劳动争议案件适用法律问题的解释（一）》第三十四条的规定，劳动合同到期后劳动者继续在原单位工作，用人单位也没有对此提出异议，两者心照不宣的情况视为劳动者按原劳动合同的条件在原单位工作，形成了事实上的劳动关系。当然，这种相安无事的局面并不会一直持续下去。因为《劳动合同法》第十条规定，一旦建立劳动关系，用人单位就有义务为劳动者签订书面劳动合同。若一直不签订劳动合同满一年，则视为双方签订了无固定期限的劳动合同，对于用人单位而言，用人的成本反而提高了。所以就本案而言，不续签劳动合同于小匆反而是有利的。

13 用人单位发生变更会影响自身履行先前签订的劳动合同吗？

情景再现

刘阿姨是一家工厂车间流水线上的普通工人，工作虽然简单但也算稳定可靠。刘阿姨也比较满意自己的工作现况。但一天上班时她发现工厂的名称变了，改成了一个自己完全陌生的工厂名，一问才得知工厂生产效益一直不太好，所以已经被并入另一家实力雄厚的公司，至此原来的工厂“不复存在”了。刘阿姨不太明白这意味着什么，但是本能地开始担心原来的工厂不在了，自己会不会因此下岗。于是刘阿姨找到了工厂内法制宣传部的工作人员，说出了自己内心的忧虑。

法律分析

在劳动合同期限内，用人单位发生合并、分立等主体变更的情况是十分常见的，而且除了主体的变更，还会发生单位名称变化、法定代表人变更、投资人变更等一系列可能在劳动合同期限内发生的情况。但是根据《劳动合同法》第三十三条的规定，用人单位的这些变更理论上来说只会对用人单位的对外行为产生很大的影响，而用人单位对内的行为，即对劳动合同的履行是没有影响的。因此，这些变更不会影响到用人单位内部的劳动者。《劳动合同法》第三十四条对此也有明确的规定，用人单位发生合并或分立等情况，与劳动者签订的原劳动合同依然有效，只不过劳动合同的“甲方”发生了变化，由变更前的原单位改为变更后的承继单位。例如，用人单位发生合并则由合并后的新单位履行劳动合同的权利和义务，发生分立则由分立后劳动者所隶属的用人单位履行劳动合同的权利和义务。因此，刘阿姨完全不需要有此方面的担心，工厂的合并、分立等主体变更是不会让她失去原本的工作的。

14 劳动合同期满，劳动者不愿意续签，用人单位需要支付经济补偿金吗?

情景再现

程磊自毕业就在一家民营企业工作，至今已经快五年了。虽然程磊在这工作了五年，但是五年来他的工作并不顺心，不仅自身业务能力没有显著提高，同事之间相处得也不融洽，常有同事因为鸡毛蒜皮的小事与他发生争吵。由于他所在的民营企业规模较小，薪酬待遇都是老板说了算，这导致五年来他的工资并没有达到其预计的那般涨幅。以上种种原因导致程磊在这次合同到期时并没有续签合同的打算，他想跳槽到其他待遇更好的公司，但是五年来的遭遇让他心中有股怨气，他听说劳动合同到期后不续签，用人单位就要支付一笔经济补偿金，程磊就想利用这个规定向企业索要补偿金以弥补五年来遭受的一切。

法律分析

劳动合同期限一旦届满，用人单位就需要与劳动者商议是否续签合同的问题，因为长时间不续签劳动合同会让用人单位陷入巨大的法律风险之中。但若是劳动者主动表示不愿意续签，则用人单位的法律风险就会降低。根据《劳动合同法》第四十六条的规定，若是合同期满时，用人单位与劳动者商议续签劳动合同，并且合同的条件跟之前一样甚至有所提高的情况下，劳动者表示不愿意续签劳动合同，则用人单位可以因此解除与劳动者的劳动关系而不用支付相应的经济补偿金，但需要保留相应的书面材料，如终止劳动合同的实际原因、过程和劳动者的回复等内容，以免陷入劳动仲裁时无法举证的窘迫境地。值得一提的是，如果劳动者不愿意续签劳动合同的原因是用人单位给予的条件不如之前的那份合同，则用人单位终止劳动关系依然需要承担经济补偿金。本案中，程磊是因为个人的原因不续签劳动合同，也没有明确的证据表明企业与他续签劳动合同时会把待遇降低，在这种情况下，程磊是无法要求企业支付经济补偿金的。

15　劳动合同中的“末位淘汰”条款有法律效力吗？

情景再现

晓峰毕业后将简历投向了一家心仪已久的公司。这家公司在业界是出了名的高福利、高待遇，但同时工作压力也是出了名的高强度。高压的工作环境不仅表现在平常工作量巨大，需要时常加班，同时也表现在公司内部同一部门各同事之间强烈的竞争意识造成的压迫感。晓峰很快发现了造成这种紧张氛围的源头，原来在他即将签订的劳动合同条款中，这家公司“别出心裁”地设置了一条“末位淘汰”条款，大致内容是说公司每一年度会对各部门的绩效进行考核，不但要考核部门整体的业绩，还要考核每个员工的个人业绩。个人业绩垫底的员工将在第二年年初被辞退。法律意识较强的晓峰看见这个条款就本能地觉得不对劲，于是他向公司表示需要回去考虑几天再决定是否签订这份劳动合同。其实，晓峰回去之后立刻询问了学法律的同学，他想确认这样的条款出现在劳动合同中是否合法。

法律分析

现在的商业竞争日趋激烈，部分用人单位为了提高自身的经营效益可谓“怪招频出”，其中有的用人单位对聘用的劳动者有严格的业绩要求，并在劳动合同中约定所谓的“末位淘汰”条款。顾名思义，“末位淘汰”就是指用人单位会每季度或者每年度对劳动者所在部门的所有人进行业绩考核，并将业绩垫底的人辞退。用人单位认为，劳动者业绩垫底是“不能胜任所在岗位工作”的表现，所以可以行使单方解除权将劳动关系解除。

如果劳动者对此不买账，用人单位就会解释称，“末位淘汰”制度是在签订合同时就已经约定的劳动合同终止的条件，现在劳动者的业绩垫底，用人单位就可以按约定终止劳动合同。显然，用人单位约定“末位淘汰”的条款以及对此作出的解释都是不具有法律依据的。

首先，用人单位认为劳动者业绩垫底是“不能胜任工作”的表现，这一说法是没有法律依据的。如果劳动者不能胜任本职工作，用人单位需要安排培训或者调岗，还要出具书面的材料证明劳动者调岗或者培训后仍不能从事相应的工作才能单方解除与劳动者的劳动关系，“不能胜任工作”绝不是仅凭一项业绩考核就能证明的。

其次，虽然劳动者和用人单位签订劳动合同是两者协商确定的结果，但是约定合同终止的条件并没有法律上的依据，我国《劳动合同法》对劳动合同终止的条件有明确的规定，包括合同期满、劳动者退休等情况，但没有规定用人单位能在劳动合同中约定终止劳动合同的情形。所以把“末位淘汰”作为合同终止的条件写在合同中没有法律依据，换句话说，公司与劳动者签订的劳动合同中的“末位淘汰”条款是没有法律效力的，用人单位给出的解释也是站不住脚的。

16 企业经济性裁员，可以随时通知职工卷铺盖走人吗?

所谓经济性裁员，通俗地讲就是职工所在的企业由于市场行情的变化，遭受了巨大的损失，日常的生产经营发生重大困难甚至面临破产。此时企业为了及时止损，通常的做法往往是缩减生产规模，将大批职工辞退。那么，面临这般情形，企业能否一切手续从简，今日通知，明日就让职工走人呢?

我国《劳动合同法》与《劳动法》对于经济性裁员的程序有着明确的规定。事实上，由于大规模辞退职工牵涉的利益众多，社会影响重大，法律后果严重，程序相比个别辞退更加复杂。根据《劳动合同法》第四十一条的规定，企业需要在裁员前30日向工会或者所有职工说明此次裁员的详细情况，制订相应的裁员方案，听取职工的意见与反馈后，将方案向劳动行政部门，一般是劳动和社会保障局报告后才可以将方案予以执行，随时让职工走人的行为是被法律禁止的。

17 用人单位可以为劳动者的离职设定限制条件吗?

许多用人单位会用一系列“福利”措施来招揽人才，如为顺利入职的劳动者提供落户的便利，协助职工准备落户的材料或配合职工完成落户的手续。但是“天下没有免费的午餐”，用人单位提供“福利”是为了留住人才，自然也会对劳动者有相应的要求，最常见的就是让其签订承诺书，保证在该用人单位服务一定的年限，在这个期限内不允许随意离职。用人单位的这种做法在情理上可以理解，但是在法理上却是完全站不住脚的。换句话说，用人单位这种类似“利诱”的方式违反了法律的有关规定。

按照《劳动合同法》第三十七条的规定，职工提前30日以书面形式通知企业，可以顺利离职。如果在试用期内，提前3日通知即可离职。同时，该法第三十八条第二款还规定，企业如果强迫劳动者劳动，或者工作环境过于恶劣，危及职工人身安全的，职工可以立即离职，无须事先告知企业。由此可知，一般情况下，签订劳动合同后，职工只需要遵守上述的30日、3日的时间节点，离职与否是职工的自由，企业没有权利阻止，更不能以提供特殊待遇为由限制职工的离职时间。

18 劳动者主动辞职，用人单位能以违反劳动期限为由要求劳动者承担违约金吗？

劳动者与用人单位签订的劳动合同一般都有劳动期限，用人单位为了“强行”留住优秀的人才，通常会在劳动期限的条款上做一些“小动作”，如在劳动合同中附加一个违约金条款，约定劳动者在劳动合同期限内不得离职，一旦离职就必须支付违约金。这种类似条款约定的违约金往往数额巨大，劳动者一般无力承担违约成本，用人单位又常借着自身的优势地位“逼迫”劳动者签订此类劳动合同，结果是劳动者与用人单位紧紧捆绑在一起，在劳动期限内失去了选择工作的自由。用人单位的这种做法虽然在实践中很常见，但在法律上是值得商榷的。

事实上，我国《劳动合同法》对于劳动合同中的违约金作出了明确的规定。按照《劳动合同法》第二十二条的规定，公司对职工进行了专业技术培训，并提供了培训费用，此时可以与该职工订立协议，约定服务期；职工若违反服务期约定提前离职，公司可要求该职工支付违约金。同时，该法第二十三条也规定，公司与职工可以在劳动合同中约定保守商业秘密或其他与知识产权有关的保密事项。此时公司可以与该名职工签订保密协议或者竞业限制条款，若职工违反保密协议或竞业限制条款的约定，公司有权要求职工支付违约金。由此可知，违约金的适用是有严格的条件的，第一种是公司与职工约定了服务期，而职工违反服务期约定，提前离职；第二种是公司与职工签署了保密协议或竞业限制条款，职工违反了这类协议需要支付违约金。其余情形下，公司无权要求职工支付违约金。劳动合同中的离职违约金条款因违反劳动强制法而无效，公司要求支付离职违约金的要求无法律依据，劳动者完全可以不支付任何违约金而离职。

19 哪些情形下劳动者可以要求用人单位支付经济补偿金？

我国《劳动合同法》设立经济补偿金条款是为了充分保障劳动者的权益，一般能适用经济补偿金的情况都是劳动者与用人单位解除劳动关系，而劳动者在这过程中的权益受到了损害，从而法律给予一定程度的补偿。根据《劳动合同法》第四十六条的规定，劳动者可以要求用人单位支付经济补偿的情况如下：（1）用人单位存在过错，如不按照约定支付劳动报酬，没有为劳动者缴纳社会保险，没有提供劳动合同约定的劳动条件和劳动保护等，劳动者因此“被迫”解除劳动合同，法律给予其获得经济补偿的权利。（2）用人单位主动提出解除劳动合同，最终与劳动者协商一致后解除。虽然是协商一致，但由于用人单位往往是相对强势的一方，说是协商，但有的时候其实有“胁迫”的意思，所以法律给予劳动者一些倾斜性的保护。（3）用人单位因为劳动者患病或者非因工负伤，在规定的医疗期满后不能从事原工作，也不能从事用人单位另行安排的工作，或者劳动者不能胜任自己的工作而安排其培训或调岗，之后劳动者仍不能适应的，或者劳动者与用人单位当初签订劳动合同时的客观情况发生巨大的变化导致合同无法继续履行。这些情况下用人单位提出解除劳动合同的要求，出于人道主义的考量，法律规定用人单位要给予劳动者经济补偿。(4) 劳动合同期限届满，用人单位与劳动者续签合同，但是降低了待遇，这等同于“逼迫”劳动者离开原岗位，此时若劳动者解除劳动合同，自然可以要求用人单位支付经济补偿金。(5) 用人单位生产经营不善濒临破产，需要重新整顿，缩小生产线而大规模经济性裁员，则应给下岗的劳动者发放补助。(6) 用人单位经营不善导致破产，或者自行决定提前解散，或者因为违法被行政机关责令关闭、撤销，此时用人单位应当保障下岗劳动者的权益，用人单位的剩余资产应用于先行支付劳动者的工资和经济补偿金。

20 劳动者与用人单位就经济补偿金达成协议后可以反悔吗?

情景再现

徐倩今年与自己的老东家“分道扬镳”了，两者是“和平分手”的。换句话说，两者协商一致解除劳动关系，用人单位也给了徐倩一笔经济补偿金。但是经济补偿金的协议签订后，徐倩从一个学法律的同学那得知用人单位给予的数额比她实际应得的少很多，她很后悔，想找用人单位重新就经济补偿金的数额签订协议，于是她就向这位同学再次了解《劳动法》中关于经济补偿金的有关规定。

法律分析

用人单位与劳动者协商解除劳动合同后，双方对给予劳动者的经济补偿金也达成了共识，但事后劳动者发现用人单位给予的数额比法律规定的少，是否可以要求用人单位补足经济补偿金呢？根据《劳动合同法》第四十七条的规定，这个问题的答案是肯定的。经济补偿金的支付标准是以劳动者的工作年限来计算的，劳动者在用人单位工作每满一年，用人单位就需要支付一个月工资标准的经济补偿金，6 个月以上不满一年按一年计算，6 个月以下按半个月计算。若劳动者每月的薪酬较高，且高于所在地级市上年度职工月平均工资的三倍，则按三倍计算经济补偿金，且年限最高不超过 12 年。这是法律为了保障劳动者权益强制规定的数额。因此，虽然徐倩与用人单位就经济补偿金的数额达成了一致，但她依然可以通过劳动仲裁等方式要求用人单位补足缺少的部分。

21 用人单位解除劳动合同，支付赔偿金后还需支付经济补偿金吗？

在劳动合同中，赔偿金与经济补偿金是两个不同的概念。经济补偿金，顾名思义具有补偿性质，是法律重在弥补劳动者受损权益的一种表现；而赔偿金具有惩罚性质，是法律重在惩罚用人单位作出的损害劳动者权益行为的一种表现。当用人单位违法解除与劳动者的劳动合同，如毫无理由地将劳动者辞退，这时法律为了惩罚用人单位的行为而规定了赔偿金条款。根据《劳动合同法》第八十七条的规定，相同情形下，赔偿金的数额是经济补偿金数额的两倍。虽然赔偿金与经济补偿金的性质和侧重点不同，但是根据《劳动合同法实施条例》第二十五条的规定，在用人单位违法解除劳动合同的情形下，劳动者是不能同时要求赔偿金和经济补偿金的。因为支付赔偿金意味着用人单位受到了应有的惩戒，而较高的赔偿金数额又可以充分涵盖经济补偿金的数额，劳动者既然已经得到了补偿，就没有再要求经济补偿金的权利了。

第二章

工作时间与休息休假

1　通常一天工作时间为 8 小时，8 小时中包括午休和午餐的时间吗?

根据我国《劳动法》第三十六条的规定，劳动者正常的日工作时间一般为 8 个小时。但是该条的规定过于笼统，于是在实际中便出现了午餐、午休、下午茶等“灰色时间段”，这些时间在现实生活中由各用人单位“灵活”掌握。那么，这些短则十几分钟、长则数小时的时间是否包括在工作时间的 8 小时内呢?

这个问题的答案是有争议的。我国现行的法律没有对此作出明确的界定，一般都是在各个用人单位的规章制度里加以规定，大多数情况下都是默认不包括的。事实上，如果 8 小时包括午休、午餐时间或下午茶，那么劳动者实际的工作时间就会少于 8 小时，到下班时间后延长的工作时间就会被认定为加班时间，用人单位需支付加班工资。对此，用人单位往往无法作出“该段时间是来补足午休时间”等类似的解释，这对于用人单位来说是相当“吃亏”的。所以用人单位的规章制度规定 8 小时工作时间不包括午休、午餐或下午茶时间也是可以理解的。

2 用人单位安排“做六休一”的工作时间违法吗？

情景再现

吴远从小就调皮，在校成绩一直不理想，高中毕业后没有选择上大学而是在一家便利店找了一份营业员的工作。由于这家便利店处于商业住宅区，生意繁忙，需要24小时开放。老板要求所有在职员工进行“三班倒”的工作模式，同时实行“做六休一”工作制。这样的工作模式意味着吴远每周只能休息一天。一开始他还能适应，但是到后来渐渐发现力不从心，每周都得不到充分的休息，尤其是周末有要紧的事都无法处理，感觉整个生活都被工作填满了。于是吴远找到了就读于某知名大学法学院的高中同学，向他咨询有什么解决办法。

法律分析

对于大部分劳动者而言，最熟悉的工作与休息方式是一周工作五天后休息两天。但是对于某些特殊的服务性行业比较常见的是“做六休一”，即每周工作六天后休息一天。虽然整个行业都遵循着这样的惯例，但是部分劳动者对此提出了质疑。事实上，我国《劳动法》《劳动合同法》等法律对于“做六休一”的工作制是否违法没有作出明确的规定。《劳动法》第三十六条、第三十八条规定，全日制劳动者每周的工作时间不应超过44小时，每天的工作时间不应超过8小时，同时用人单位应当保证劳动者每周至少休息一日。《劳动合同法》第六十八条规定，非全日制劳动者每天的工作时间不应超过4小时，一周累计不能超过24小时。除此之外，法律对于工作时间没有其他相关的规定。换句话说，法律没有明确禁止用人单位采用“做六休一”的工作时间安排，甚至按照正常“做五休二”的时间计算，周六或者周日还可以安排4小时的工作时间。但值得注意的是，用人单位在采取“做六休一”的工作模式时，应当保证全日制劳动者每天的工作时间不应超过8小时。比较折中的做法是安排其中五天每天的工作时间为8小时，再挑选工作量不大的一天，安排4小时的工作时间。如果违反了上述法律的规定，用人单位应当支付劳动者加班工资。

3 劳动者如何判断自己是在加班还是在值班？

虽然我国《劳动法》规定了标准的8小时工作时间制，但事实上很少有用人单位严格遵守，或多或少都有延长劳动者工作时间的现象。很多劳动者虽然把“加班”挂在嘴边，但其实不知道加班的性质，也区分不了加班与值班的差别。用人单位有时也利用这点，把加班解释成值班，从而减少支付给劳动者的加班报酬。

我国劳动方面的法律对加班有明确规定。根据《劳动法》第四十一条的规定，加班一般是劳动者为了用人单位生产经营的需要，适当地延长自己的工作时间，该条还规定了延长时间的限制。同时第四十二条规定在特殊情况下如发生自然灾害、紧急处理安全事故或者抢修设备设施时不受上一条延长时间的限制。这种情况在特殊行业中也较为普遍与常见。然而对于值班，法律上没有明确的概念。从现实生活来看，加班与值班有如下区别：第一，劳动者值班时从事的工作一般与其本职工作无关。第二，工作强度与正常的工作也不同，一般是守夜等劳动强度较低的工作。第三，值班时一般用人单位会提供适合的休息场所供劳动者中途休息。第四，值班通常是强制性的，因为用人单位是在行使自己的管理职权，劳动者不能拒绝，而对于加班，用人单位需与劳动者和工会协商后才可以具体安排。

4 劳动者的加班费如何确定?

虽然法律明确规定了标准的工作时间，但是为了生产经营的需要，加班其实是每个劳动者都无法回避的。由于加班时间属于非标准的工作时间，本质上是劳动者为了用人单位的利益牺牲自身部分休息的权利，故加班薪酬的计算相比正常薪酬也会有很大的差别。

根据我国《劳动法》第四十四条的规定，平常工作日加班的，报酬不低于正常工作时间的150%；休息日加班又不能调休的，报酬按照不低于正常工作时间的200%计算；法定休假日加班的，报酬按照不低于正常工作时间的300%计算。同时，将正常工作时间的工资作为加班工资计算的基准有一点值得注意：一般劳动者的工资分为基础工资、奖金、特殊津贴等，每个月支付的工资一般只有基础工资，奖金和津贴通常不会每个月都发放。但是在作为正常工作时间基数的时候，这些都需要计算进去的。换句话说，劳动者全年能得到的所有工资除以12个月即为正常工作时间的月工资。根据上述法条以及《劳动和社会保障部关于职工全年月平均工作时间和工资折算问题的通知》，工作日的加班费=月工资÷21.75÷8×加班小时数×150%；双休日加班费=月工资÷21.75÷8×加班小时数×200%；法定节假日加班费=月工资÷21.75÷8×加班小时数×300%。

5　非全日制工作有哪些特殊之处？

非全日制工作与全日制工作相比，存在许多特殊之处，总体来说，非全日制工作比全日制工作更加“随意”，劳动者与用人单位之间的劳动关系也更为宽松。首先，在工作时间上，根据《劳动合同法》第六十八条的规定，非全日制的劳动者每日的工作时间最多为 4 小时，一周不得超过 24 小时。而根据《劳动法》第三十六条的规定，全日制的劳动者每日的工作时间最多为 8 小时，一周最多工作 44 个小时。其次，在劳动关系的建立上，根据《劳动合同法》第六十九条的规定，非全日制的工作不需要签订书面合同，只需要口头约定，也没有试用期，劳动者可以同时与多家用人单位签订合同，只要不影响先前订立的劳动合同的履行。全日制的工作需要书面签订劳动合同，一般都会约定试用期，而且劳动者只能同一家用人单位签订劳动合同。最后，在解除劳动关系的程序上，根据《劳动合同法》第七十一条的规定，非全日制的工作，劳动者或者用人单位都可以随时要求解除劳动关系，用人单位也不需要支付经济补偿金。全日制的工作，劳动者或者用人单位要解除劳动关系一般须提前 30 天通知对方，而且多数情况下用人单位需要支付经济补偿金。

6 非全日制的劳动者是否可以要求加班费?

非全日制工作与全日制工作最大的区别在于工作时间。非全日制的劳动者根据法律的规定每天的工作时间不得超过 4 个小时，一周不得超过 24 个小时。但是，从事非全日制工作的劳动者也免不了被要求从事超过法定时间的工作，或者被要求在周六、周日工作，甚至在法定休假日也要工作。针对这些情况，劳动者能否主张自己的“加班费”呢？

非全日制工作最大的特点在于其“灵活性”，即每天不超过4小时，每周不超过24小时的工作时间具体落实到哪几天是由劳动者与用人单位协商确定的。所以对于非全日制的劳动者而言，一般不存在双休日延长工作时间这一情形。如果在工作日延长工作时间，每周工作时间超过24小时的情况下，劳动者可以要求用人单位以正常工作时间工资的150%作为标准支付加班费，同时可与用人单位协商签订全日制劳动合同。根据《劳动法》第四十条的规定，在法定节假日所有劳动者都应当有休息的权利，那么在法定节假日加班就应当有加班工资，但是《工资支付暂行规定》第十三条又明确了非全日制工作不适用该条关于法定节假日加班工资的计算方式。这就使得实践中法定节假日的加班工资计算没有明确的标准，有些地区采用不低于平日工资300%的标准计算，有些地区则特别制定了非全日制用工的工资支付规定，包含法定节假日的加班费计算标准。因此，非全日制用工的具体加班费计算标准应参照劳动者所在地的法律法规。

7 用人单位在哪些节日应当安排劳动者休假?

休息权是每个劳动者都应当享有的，我国法律也充分保障劳动者休息的权益。因此《劳动法》第四十条明确规定用人单位在我国传统佳节和一些特殊的纪念日应该安排劳动者休假。这些节假日分别为：（1）元旦；（2）春节；（3）国际劳动节；（4）国庆节；（5）法律、法规规定的其他休假节日。该条第五项为法定节假日的修改提供了依据，因此2014年1月1日生效的《全国年节及纪念日放假办法》规定，清明节、端午节和中秋节也是劳动者可以依法休假的节日。如果用人单位在上述这些节日不安排劳动者休假，就要依法支付劳动者三倍的日工资。

8 什么情况下劳动者可以享受探亲假?

探亲假是法律规定的劳动者享有的福利待遇之一，但并非所有的劳动者都能享受探亲假。劳动者只有在满足《国务院关于职工探亲待遇的规定》第二条规定的条件时才能享受探亲假，具体如下：（1）劳动者在国家机关、人民团体和全民所有制企业、事业单位有固定的工作且已经满一年。（2）满足上述前提条件后劳动者在以下两种情况下可享受探亲假：①劳动者与配偶不住在一起，又不能在公休假日团聚，可以享受探望配偶的待遇。②劳动者与父亲、母亲都不住在一起，又不能在公休假日团聚的，可以享受探望父母的待遇。但是，值得注意的是，劳动者与父亲或与母亲一方能够在公休假日团聚的，不能享受探望父母的待遇。

9 法律对劳动者能享受的探亲假天数是如何规定的?

法律规定的探亲假天数因劳动者自身情况的不同而有所区别。《国务院关于职工探亲待遇的规定》第三条规定：(1) 劳动者探望配偶的，用人单位每年给予一方探亲假一次，假期为30天。(2) 未婚劳动者探望父母的，原则上用人单位每年给假一次，假期为20天。如果因为工作需要，用人单位当年不能给予假期，或者劳动者自愿两年探亲一次的，可以两年给假一次，假期为45天。(3) 已婚劳动者探望父母的，用人单位每四年给假一次，假期为20天。上述天数指的是劳动者与配偶、父母团聚的时间。换句话说，根据实际需要在路上的时间不计算在内。但上述假期均包括公休假日和法定节日在内。

10 怀孕女职工享受产假后还能享受探亲假吗?

从法律性质上来说，产假与探亲假是完全不同的两种假期。产假是女性职工特别享有的，保障其生育后代的权利。探亲假的设置是为了保障所有职工有与亲人团聚的时间。因此，女职工享受产假后能否继续享受探亲假，要视情况区分对待。根据《国家劳动总局关于制定〈国务院关于职工探亲待遇的规定〉实施细则的若干问题的意见》第五条的规定，若女职工到配偶的工作地点生育，在生育休产假期间，超过56天（难产、双生70天）产假以后，与配偶实际团聚了30天以上，不再享受当年探亲待遇。这种情况下，女职工已经跟亲人团聚了足够的时间，探亲假就失去了意义。若女职工生育待产期间并没有与配偶相见，那么法律依然需要保障女职工与亲人团聚的时间，让其享受当年的探亲假。

11 劳动者入职的当年能否享受用人单位的年休假制度?

年休假是劳动者依法享受的福利待遇之一，即每年有几天可以从用人单位那里“不劳而获”，不用工作也有工资拿。年休假天数的多少与劳动者的工作年限有关，根据《职工带薪年休假条例》第三条的规定，劳动者累计工作满一年而不满 10 年的，每年就可以享受 5 天的“带薪休假”；如果工作年限大于等于 10 年而不满 20 年的，年休假的天数就增加到 10 天；对于工作年限满 20 年的“元老级”劳动者，可以带薪休假 15 天。毫无疑问，工作年限越高，年休假福利越好，这对于刚入职的劳动者来说就不是很友好了，因为许多用人单位普遍的共识是，需要在本单位工作满一年才能享受单位的年休假制度。然而，业界这种普遍的做法事实上是没有法律根据的。

根据《企业职工带薪年休假实施办法》第四条的明确规定，上述累计工作满一年的时间应当包括劳动者在如今用人单位的工作时间、之前用人单位的工作时间以及依照法律、行政法规或者国务院规定视同工作期间的时间。换句话说，一个在现单位刚入职的劳动者如果在之前的用人单位工作就已经满一年，那么在现用人单位入职当年就可以享受 5 天的年休假。

12　劳动者在什么情形下无法享受年休假？

年休假制度是法律规定的劳动者福利，是劳动者享有休息权的一种表现形式。但是劳动者享有的这种权利不是毫无限制的，劳动者无法享受年休假的情形总的来说可以概括为劳动者因某些原因当年已充分享受了休息的权利，在休息的同时用人单位照发工资，相当于已享受带薪休假，就没有权利再额外享受年休假期了。根据《职工带薪年休假条例》第四条的规定，具体的情况如下：一是对人民教师的限制，因为人民教师能依法享受寒暑假期，所以实际休假的天数远远多于普通职工的年休假天数，寒暑假期间工资也是照常发放的，就没有权利再休年假了。二是针对请事假较多的劳动者，一年中累计达 20 天以上且没有克扣工资的，则不再享受当年的带薪休假。三是针对请病假达到一定天数的劳动者，分为以下三种：累计工作满一年而不满 10 年的职工，一年中请病假累计达两个月以上；累计工作满 10 年而不满 20 年的职工，一年中请病假累计达 3 个月以上；累计工作满 20 年以上的职工，一年中请病假累计 4 个月以上，存在上述请病假情况的劳动者都不再额外享受年休假的福利待遇。

13 用人单位安排年休假的日期需要征求劳动者同意吗?

现实中各个用人单位由于所属行业情况不同，自身生产经营状况不同，一年中忙碌的时间也不尽相同。为了提高自身竞争力和忙碌时期的工作效率，用人单位一般会统筹安排劳动者放年假的时间，将年休假置于单位业务的“空窗期”，避免业务高峰期单位人手短缺的情况，甚至在一些特殊的情况下不安排劳动者放年假或调整到第二年统一安排。这种用人单位单方决定劳动者的年休假时间或是不安排或跨年安排劳动者年休假的做法虽然很普遍，但在法律上却是值得商榷的。事实上，根据《企业职工带薪年休假实施办法》第九条以及《职工带薪年休假条例》第五条的规定，用人单位确实可以根据生产经营的实际情况统筹安排职工放年休假的时间，但无论是否安排职工在本年度内放年假的具体时间，或是跨年度安排职工的年休假，都要征得劳动者本人的同意。

14　劳动者主动放弃年休假可以要求用人单位给予相应的补偿吗?

劳动者能否主动放弃年休假而要求用人单位给予补偿须分情况区别看待。我国法律规定年休假制度是为了充分保障劳动者的休息权，既然是权利，劳动者自然可以选择行使或者选择放弃。结合《企业职工带薪年休假实施办法》第十条的规定，如果劳动者行使权利，同意用人单位不安排年休假或安排年休假的天数少于应休天数的决定，此时劳动者可以要求用人单位给予相应的补偿，补偿标准按照本应该安排的年休假天数或少休的年休假天数每日支付300%的正常时间工作的日工资报酬。如果劳动者放弃权利，因个人原因主动书面提出不休年休假，此时由于用人单位安排了年休假但是劳动者个人选择放弃，自然不能以此要求用人单位支付三倍的正常时间工作的日工资作为补偿。

15 用人单位与劳动者解除劳动关系，劳动者当年未休的年假可以折现吗？

根据《企业职工带薪年休假实施办法》第十条的规定，用人单位不安排年休假的情况下，劳动者可以选择实现自己休息权的方式，其中一种就是要求用人单位根据未休的年休假天数按照正常时间工作的日工资300%的标准折现支付。但是，如果劳动者当年未休年休假，又与用人单位解除了劳动关系，年休假是否也能折现呢？

法律自然也考虑到了这种情形，根据《企业职工带薪年休假实施办法》第十二条的规定，上述问题的答案是肯定的。法律对于折现的方法也有明确的规定，具体执行时按照职工当年已工作的天数折算成应休而未休年休假的天数，由用人单位支付未休年休假的工资报酬，当然折算后未休年休假天数不足一天的不予计算。年休假的工资报酬按照正常时间工作的日工资的300%的标准进行支付。

第三章

薪酬待遇与个人税收

1 劳动者的工资有哪些种类？

劳动者在签订劳动合同时，最关心的当然是工资。劳动者的工资分类其实比一般印象中的要复杂得多。

根据《国家统计局关于工资总额组成的规定》第四条的规定，劳动者的工资一般由以下几个部分组成：（1）最基本的计时工资，包括对已做工作按计时工资标准支付的工资，结构工资制的单位给职工的基础工资或岗位工资，新参加工作职工的见习工资以及运动员的体育津贴等。（2）计件工资，这个比较特别，主要是针对按数量结算工资的工作而言的，包括实行超额累进计件、直接无限计件、限额计件、超定额计件等工资制，按劳动部门或主管部门批准的定额和计件单价支付给个人的工资，按工作任务包干方法支付给个人的工资以及按照营业额提成或利润提成办法支付给个人的工资。（3）奖金，譬如生产奖、节约奖、年终奖以及机关或事业单位的奖励工资等。（4）津贴和补贴，这是补偿职工额外的劳动消耗或因其他特殊原因支付给职工的。最常见的津贴有高温津贴、保健性津贴、技术性津贴、年功性津贴。最常见的补贴有物价补贴等。（5）加班加点的工资。（6）特殊情况下支付的工资，如因病、因工伤、因事休假或者带薪休假时发的工资等。

2 劳动者与用人单位关于薪酬的约定不明确怎么处理?

劳动者与用人单位签订的劳动合同中需要有薪酬支付的条款，一般不会出现约定不明的情况，但现实中很多劳动者是没有与用人单位签订书面合同就开始工作的。平时工作照常做，薪酬也照常发，但是一旦出现纠纷，如用人单位拖欠工资或者工资数额出现异常，没有劳动合同的情况下劳动者是否就有理说不清了呢?

针对这种情况，劳动者可以先与用人单位协商确定薪酬的数额，如果协商不成，我国法律有相应的条款保障劳动者的权利。根据《劳动合同法》第十一条规定，如果没有签订书面合同导致薪酬的约定不明确，用人单位就按照集体合同，即职工代表或者工会与单位签订并由全体职工大会或代表大会通过的合同来确定薪酬数额给劳动者发放工资。如果有的用人单位没有签订集体合同，根据《劳动合同法》第十八条的规定，应参照相同职位的工资标准，同工同酬地发放薪酬。

3 关于工资发放的具体日期有明确的规定吗?

对于发放工资的具体日期，每个用人单位有不同的内部规定，有的在每个月的上旬发放工资，有的在中旬，少部分的在下旬，对于月末发放工资的情况，有些劳动者觉得不能接受，认为月初入职，到下个月末才发放这个月的工资，相当于工作两个月只有一份工资。对于工资发放的日期，法律有明确的规定吗？

这个问题的答案是否定的。我国现行的《劳动合同法》与《劳动法》中没有明确规定工资发放的具体时间，只是规定了每月应当发放一次工资，至于具体发放日期由签订的劳动合同上的日期为准。不过唯一对劳动者有利的是，《工资支付暂行规定》第七条规定如果该日期在一个月的节假日或休息日上，则要提前到最近的工作日支付。

4 发放工资时，可以用实物代替货币吗？

劳动者的工资一般情况下都是用人单位以货币形式支付的。但是现实中部分用人单位有时会采用代金券、购物券代替部分工资来支付给劳动者。更有甚者，有些用人单位的代金券或购物券不是正规商场发放的，而是用人单位自制的，只能在本单位用餐或缴费时使用，这样的做法其实相当于变相克扣劳动者的工资，显然是一种违法行为。根据《工资支付暂行规定》第五条的规定，劳动者的工资应当以法定货币支付，用人单位不得以实物及有价证券替代货币支付。同时《劳动法》第五十条规定工资应当以货币形式按月支付给劳动者本人，用人单位不得克扣或者无故拖欠劳动者的工资。因此，我国法律严格禁止用实物代替货币的形式来发放工资的行为。

5 国家规定的福利待遇算在最低工资里吗？

劳动者享受的福利待遇分为国家规定的和用人单位自主发放的，国家规定的福利最常见的就是带薪休假。根据《职工带薪年休假条例》第三条的规定，初入职场的新人工作满一年就可以享受5天的年休假，期间工资照常发放。对于那些工作了10年以上的老员工，就可以享受10天的假期。如果工作满20年，就有15天带薪休假的权利。至于用人单位的员工福利，由于不是强制性的，种类与范围相差会比较大，比较常见的有全勤奖金、用餐补贴、生日福利、集体出游、过年统一购置的年货等，不一而足。

这些劳动者享受的福利待遇是与劳动者的工资，即劳动报酬完全区分开的。工资是对劳动者工作的回报，福利是对劳动者额外的奖励。同时，根据《最低工资规定》第十二条的规定，无论是加班加点的工资，夜班、低温、高温等特殊情形下工作的津贴还是国家法律规定的劳动者保险和福利待遇均不作为最低工资的组成部分。

6　地区最低工资受哪些因素影响？

我国实行最低工资保障制度，这意味着用人单位与劳动者协商确定的工资要参照当地的最低工资标准，不能低到离谱，而这个最低工资标准各地区并不一致。根据《最低工资规定》第八条的规定，各省的最低工资标准由各省一级的政府劳动保障行政部门与同级工会、企业联合会或企业家协会研究后确定。根据《劳动法》第四十九条的规定，最低工资标准主要受到如下因素的影响：(1) 劳动者本人及其平均赡养人口的最低费用，至少要保障当地劳动者的基本生活。(2) 当前社会的平均工资水平。(3) 劳动生产率，劳动生产率越高，最低工资标准越高。(4) 当地的就业状况。(5) 地区之间经济发展水平，意味着各地区应按照本地区的实际情况制定最低工资标准，不能随意照搬其他地区的标准。

7　用人单位注册地与实际经营地不一致，劳动者最低工资标准参照哪地实行？

用人单位注册登记时选用的地区与之后生产经营地区不一致的情况在如今已很常见，有些注册地与实际经营地还相距甚远。部分用人单位就利用这一点给劳动者“挖坑”，如一家实际经营地在华东沿海地区的公司，为了节约人力资源成本，给劳动者的最低工资参照的是自己的注册地——西北部偏远地区的标准。地区最低工资的标准有很多影响因素，其中很重要的一点就是地区总体经济发展状况，用西北部地区的最低工资标准给东部沿海地区的劳动者发最低工资显然是极不合理的。为了防止用人单位恶意解释《劳动合同法》的条文损害劳动者的利益，《劳动合同法实施条例》第十四条明确规定，用人单位的实际经营地，即劳动者的合同履行地与用人单位注册地不一致的，有关劳动者的最低工资标准、劳动保护、劳动条件、职业危害防护和本地区上年度职工月平均工资标准等事项，按照劳动合同履行地的有关规定执行。若用人单位注册地的有关标准高于劳动合同履行地的有关标准，且用人单位与劳动者约定按照用人单位注册地的有关规定执行的，从其约定。总的来说就是用人单位的注册地与实际经营地中，哪个地区最低工资标准高就参照哪个地区的标准实行，这样就可以充分保障劳动者的权益。

8 国家规定用人单位每年一定要发年终奖吗？

年终奖是求职者较为关心的问题，也是劳动者预先判断用人单位福利待遇好坏的直接标准之一。部分用人单位的年终奖数目惊人，可以让劳动者完全忽略基本工资，而有些用人单位的年终奖则寥寥无几。各个单位之间年终奖相差如此巨大的原因是我国的法律对于年终奖的发放没有作出明确的规定。换句话说，用人单位可以发，也可以不发，发多发少由用人单位自由决定。实践中，制度规范且待遇好的用人单位会将年终奖的发放规定写入与劳动者签订的劳动合同或写进单位的规章制度或体现在集体合同的条款中，将年终奖作为劳动者工资薪酬的一部分，每年按时发放，至于数目则由当年的单位业绩所决定。制度不规范且待遇不好的用人单位则完全没有类似的规定，年终奖发放与否，劳动者也无法从规章制度或劳动合同中找到依据，用人单位也没有将年终奖作为劳动者工资薪酬的一部分，仅仅作为一种特殊奖励，视用人单位当年的“心情”适当发放。法律没有对年终奖作出明确规定，因此都是可行的，一切由用人单位自由掌握。

9 用人单位可以随意修改关于薪酬的规章制度吗？

对于初入职场的新人来说，在工作上吃各种亏是很常见的事，这也是逐渐走向老练的必要经历。用人单位的众多套路中就包括修改关于薪资的规章制度，还对劳动者解释薪资调整是因为单位的规章制度发生了更改。白纸黑字的规章摆在那，无奈的劳动者只能忍气吞声，吃哑巴亏。

事实上，用人单位的这种做法是不合法的。根据《劳动合同法》第四条的规定，用人单位要想修改或者决定劳动报酬、工作时间、休息休假、劳动安全卫生、保险福利、职工培训、劳动纪律以及劳动定额管理等这些事关劳动者切身利益的事项需要经职工代表大会或全体职工讨论，然后提出具体的修改方案和意见，与工会或职工代表协商才能确定。该项制度实施过程中，工会或职工若觉得有不妥的地方，可以与用人单位协商并加以完善。那些直接涉及劳动者切身利益的规章制度和重大事项决定用人单位需要公示或者告知劳动者。因此修改薪酬的规章制度程序很复杂，绝不是用人单位单方面说改就能改的。

10 用人单位能完全凭自身的意思制定劳动规章制度吗?

劳动者受聘于用人单位，自然要接受用人单位的统一管理，遵守用人单位的各项劳动规章制度。劳动规章的制定者是用人单位，我国法律为了防止用人单位利用自身的权力单方制定有利于自己的劳动规章而侵害全体劳动者的切身利益，所以规定了在一些重大事项上用人单位的权力必须受到限制。根据《劳动合同法》第四条的规定，用人单位在制定或者修改关于劳动报酬、工作时间、休假制度、劳动安全卫生制度、保险福利待遇、职工培训、劳动纪律等直接关系到劳动者切身权益的制度时，需要经全体职工或者职工代表大会讨论，之后两者在平等协商的基础上最终确认方案。上述劳动制度方案确认后还要予以公示，告知全体职工。制度在实施过程中，工会或者有职工认为不适当的，都有权向用人单位提出修改意见，在协商一致后将制度予以完善。因此用人单位不能仅凭自身的意思单方面制定劳动规章制度。

11　用人单位安排待岗且不发工资是否违法?

有些用人单位出于效益下降后缩小生产线止损的考虑，会让部分劳动者回家休息，称为“待岗”。这段休息时间内，单位会发放少量生活费，待生产状态改善后再通知劳动者上班，以此减少单位的用人成本。有些打着“小算盘”的用人单位还会借此机会长时间“搁置”这部分劳动力，当劳动者因微薄的生活费无法维持正常的生活需求时，就会自行提出辞职，这样用人单位就不用支付高昂的经济补偿金了。因为用人单位如果提出裁员，按照法律规定须支付经济补偿金，当裁员的基数很大时，那就是一笔不小的支出。

显然，用人单位这样的做法并不符合法律的要求。根据《工资支付暂行规定》第十二条和《劳动部关于贯彻执行〈中华人民共和国劳动法〉若干问题的意见》第五十八条的规定，用人单位因自身的经营状况出现问题而安排劳动者待岗，如果待岗时间在一个工资支付周期内（正常情况下，全日制工作的一个工资支付周期就是一个月），则应正常支付劳动者该工资支付周期内的工资。如果待岗时间超出了这个期限，一般依据用人单位所在地的地方性法规或政府规章的规定支付相应生活费，而这个标准在全国各地是不一样的，部分地区按照当地职工的最低工资标准发放，部分地区则是低于当地职工最低工资的标准。

12 身体残疾的劳动者工资一定比正常劳动者低吗？

我国现在的就业市场上还存在种种“乱象”，其中包括对女性劳动者、身体残疾的劳动者的各种歧视。部分用人单位认为身体残疾的劳动者因行动不便，对工作效率或单位形象有巨大影响，于是给残疾劳动者的薪酬普遍低于正常劳动者。但事实上，很多时候残疾劳动者在自身岗位上提供的劳动无论是内容还是质量都不亚于正常劳动者。因此用人单位“恶意歧视”残疾劳动者的行为不但有违社会公德，还违反了有关法律的规定。

根据《残疾人保障法》第三十八条的规定，残疾劳动者在工作招用、转正、晋级、职称评定、劳动报酬、生活福利、休息休假、社会保险等各个方面都受到法律的保护，任何用人单位都不得歧视残疾劳动者甚至需要提供适当的劳动条件和劳动保护，并根据实际需要对劳动场所、劳动设备和生活设施进行改造以便于残疾劳动者进行工作。同时，根据《劳动法》第四十六条的规定，我国劳动者工资的分配遵循按劳分配的原则，实行同工同酬。这意味着，只要残疾劳动者提供正常的劳动内容和劳动质量，就应当与同岗位的正常劳动者享受同样的薪酬。残疾劳动者在工作过程中受到歧视对待的，可以向用人单位所在地的劳动行政部门投诉或提出劳动仲裁以维护自身的权益。

13 用人单位无故拖欠、克扣劳动者工资会有怎样的后果？

整个劳动合同中，劳动者最看重的条款莫过于工资条款，有时工资甚至是劳动者决定是否为这家用人单位效力的直接考量因素。然而，实际生活中令很多劳动者意想不到的是，合同上那些看似令人向往的条件与数字真正落实起来却大打折扣。无故拖欠薪水、变相克扣工资的事情屡见不鲜。劳动者最后才发觉，用人单位从一开始就在“玩套路”。那么出现这些与劳动者切身利益息息相关的问题，他们究竟该怎样捍卫自身的权益呢？

首先，劳动者需要意识到自己的工资被单位无故拖欠或者变相克扣了。根据《对〈工资支付暂行规定〉有关问题的补充规定》第三条、第四条，《工资支付暂行规定》第十八条所称

“无故拖欠”指的是用人单位没有遭遇自然灾害、战争或者经营不善、资金运转困难等情况时，毫无理由地延迟发放工资，甚至不发工资。同时，《工资支付暂行规定》第十五条所称“克扣”指的是劳动者在正常工作的情况下，应得的工资却被用人单位无正当理由扣减，比如用人单位给出的扣减理由不是法律规定的或是未在劳动合同和单位的规章制度中写明的，或者用人单位在经济效益上升时扣减职工的工资，或非因职工请事假等正当理由而减发工资。

其次，劳动者在意识到自己遭受了不公平的待遇之后，应当积极行动起来，先找用人单位协商，要求补发被拖欠或者克扣的工资，一般还可以同时要求支付按同期银行利率计算的利息。若协商不成，劳动者可以向劳动行政部门投诉，请求行政部门出面责令用人单位改正或者直接申请劳动仲裁。根据《劳动合同法》第三十八条、第四十六条以及第四十七条的规定，遇到上述情况，劳动者完全有权利随时通知单位解除劳动合同，并且要求支付被拖欠或克扣的工资与利息，以及相应的经济补偿金。经济补偿金的数额根据劳动者在该单位工作的时间来定，每满一年支付一个月工资标准的经济补偿金，6 个月以上不满一年的，按一年计算，不满 6 个月则支付半个月工资的经济补偿金。因此，用人单位无故拖欠、克扣劳动者工资是违法的，劳动者可依法要求用人单位支付相应的经济补偿金。

14　什么情况下用人单位可以代扣劳动者的工资?

法律规定用人单位不得无故克扣劳动者的工资，但在特殊情况下，用人单位代扣劳动者的工资在法律上是允许的。根据《工资支付暂行规定》第十五条的规定，可以代扣的特殊情况有如下几种：(1）用人单位代扣代缴劳动者的个人所得税。(2）用人单位代扣代缴应当由劳动者个人承担的各项社会保险费用。(3）劳动者涉诉时，法院判决或裁定中要求劳动者支付的抚养费、赡养费可以由用人单位从劳动者的工资里代为扣除。(4）法律、法规规定可以从劳动者工资中扣除的其他费用。个人所得税和社会保险费的缴纳统一委托用人单位代扣代缴可以为劳动者省下很多麻烦。第四项涉及的其他费用如《工资支付暂行规定》第十六条规定的损害赔偿费：因劳动者本人的原因给用人单位造成经济损失，用人单位可以按照当初劳动合同的约定要求其赔偿相应的经济损失。该笔损害赔偿费可以由用人单位从劳动者的工资中代扣，但法条规定每月的代扣额不得超过劳动者当月工资总额的20%，且若扣除后的剩余工资部分低于劳动者所在地的最低工资标准，则应按最低工资标准支付劳动者每月的工资。

15 用人单位能否因劳动者拒绝加班而扣发工资?

情景再现

晓盛所在的公司管理比较混乱，组织结构也不合理，偌大的合规部只有部门经理和他两个在职人员。由于人手短缺，他需要处理大量的日常工作，加班成了家常便饭。但最近一段时间，晓盛明显感觉到身体状况开始变差，就有意无意地拒绝加班。然而在月末收到工资单时，晓盛发现自己本月的工资莫名少了几百块。他去找部门经理理论，经理对此的解释是，由于晓盛没有加班，给公司的业绩造成了损失，需要从他的工资里扣除相应的部分作为赔偿。晓盛对此非常愤怒，他拨通了市民法律热线寻求帮助，他想知道公司是否有权因员工拒绝加班而扣发工资。

法律分析

用人单位因为业务的需要确实可以安排劳动者加班，这是合理且常见的。但是，安排劳动者加班需要遵守法律法规的规定。首先，根据《劳动法》第五十条的规定，劳动者的工资应当以货币形式按月支付给劳动者本人。用人单位不得克扣或者无故拖欠劳动者的工资。其次，根据《劳动法》第四十一条的规定，用人单位由于生产经营需要，确实需要劳动者加班的，可以与工会和劳动者协商后延长工作时间，一般每日不得超过一小时；因特殊原因需要延长工作时间的，在保障劳动者身体健康的条件下延长工作时间每日不得超过 3 小时，但是每月总加班时间不得超过 36 小时。同时，《劳动合同法》第三十一条也规定用人单位应当严格执行劳动定额标准，即《劳动法》第四十一条规定的标准，不得强迫或者变相强迫劳动者加班。用人单位安排加班的，应当按照国家有关规定向劳动者支付加班费。

因此，晓盛所在的公司要求劳动者加班，不但没有加班费还用扣发工资的方式变相强迫劳动者加班，这样的行为显然是违法的。他可以通过申请劳动仲裁或者向法院起诉的方式请求公司偿还被扣发的工资，同时按法律规定补发加班费用。

16 用人单位能否因停产而不支付劳动者劳动报酬？

用人单位停产后是否还有支付劳动者工资的义务需要分情况来看。根据《工资支付暂行规定》第十二条的规定，第一种是用人单位的停产是劳动者造成的，如劳动者进行了大规模的罢工导致单位停产停业，这种情况下用人单位自然没有继续支付工资的义务。第二种是用人单位的停产不是劳动者造成的，此时如果停产停工在一个工资支付周期内，一般情况下是一个月内，用人单位需要按劳动合同约定的标准向劳动者支付工资。

停产停工超过一个工资支付周期后，若劳动者提供了正常的劳动，用人单位也需要支付劳动报酬，在停产停工的特殊时期，工资数额可以比正常生产经营时低，但最低不得低于用人单位所在地的最低工资标准。超过一个工资支付周期后，若劳动者停止提供正常劳动，用人单位是否继续支付劳动报酬就按国家有关规定办理。

17 用人单位能否因劳动者参加社会活动而不支付工资？

我国法律鼓励劳动者依法积极参加各项社会活动，如《工资支付暂行规定》第十条规定劳动者在法定工作时间内依法参加社会活动，用人单位应当视同其提供了正常的劳动而正常支付工资。这里的社会活动包括如下几种：劳动者参加选举，依法行使选举权或被选举权；劳动者有特殊的社会身份而作为当选代表出席乡（镇）、区以上政府，党派，工会，青年团，妇女联合会等组织召开的会议；劳动者作为证人依法出庭作证；劳动者作为表率出席劳动模范或先进工作者大会；劳动者依法参加《工会法》规定的不脱产工会基层委员会委员组织的工会活动；其他法律规定的应当依法参加的社会活动。

18　个人所得税的征税主体包括哪些人？

依法纳税是国家每个公民应尽的义务，但法律规定某些情况下不是我国的公民也需要依照我国法律缴纳个人所得税。个人所得税的征税主体被称作纳税义务人，根据我国的《个人所得税法》第一条的明确规定，纳税义务人可以大致分为两类。第一类是最常见的，指的是在我国境内有住所，或者没有住所但是一个纳税年度内（纳税年度，自每年公历 1 月 1 日起至 12 月 31 日止）在我国境内居住累计满 183 天的个人，为居民个人。这些人在我国境内或者境外的所得，都要缴纳个人所得税。第二类占的比重较小，指的是在我国没有住所且不居住或者没有住所且一个纳税年度内在我国境内居住累计不满 183 天的个人，这类人为非居民个人，此类人以外籍人士居多，因此对于这部分人的要求就低一些，只需要针对其境内所得征收个人所得税。

19　个人收入的哪些部分需要缴纳个人所得税？

个人所得税，顾名思义，要征收的对象自然是纳税义务人的个人所得。虽然每个人获得收入的方式不尽相同，但根据

《个人所得税法》第二条的规定，主要包含以下几种：（1）最常见的，纳税义务人作为劳动者的工资和薪金所得；（2）劳务报酬所得；（3）稿酬所得；（4）特许权使用费所得；（5）经营所得；（6）投资者对于自身资产投资产生的收益如利息、股息、分红所得等；（7）财产租赁或者转让产生的收益，如房屋租赁获得的租金或者买卖产生的收益等；（8）偶然所得，比如中彩票所得的奖金也是要缴税的。通过上述所列情况可知，我国个人所得税的征税范围还是相当广泛的。

20 所有的个人所得都需要缴纳税收吗?

虽然我国的个人所得税种类繁多且征税范围广泛，但也并非所有的收入都需要纳税。根据最新的《个人所得税法》第四条的规定，以下的“特殊所得”免征个人所得税：（1）省级人民政府、国务院部委或者中国人民解放军军以上单位，以及外国组织、国际组织颁发的科学、教育、技术、文化、卫生、体育、环境保护等方面的奖金，如“国家科技奖”“诺贝尔奖”的奖金。（2）国债或者国家发行的金融债券，国家作为债务人兑付了投资者的预期收益又对其征税不合常理。（3）国家按照统一规定发放的补贴及津贴。（4）福利费、抚恤金、救济金。（5）保险赔款，赔偿性质的款项若再附加税收有失社会公允。(6) 我国军人退伍后的转业费、复员费、退役金。(7) 发给干部离开工作岗位后的安家费、退职费、基本养老金或退休费、离休费、离休生活补助费等。第六项与第七项所得均带有救助性质，同样出于社会公允等因素的考虑而不征税。(8) 法律规定应予免税的各使领馆外交代表、官员的收入。(9) 按照国际条约、公约应当免税的收入。(10) 国务院规定的其他免税收入。第八项至第十项由于都是法律法规或者国际条约明确规定免税的，所以不征收个人所得税。

21　什么是个人所得税超额累进税率?

我国对于不同种类的收入所得征税的方式和税率都是有所区别的。像稿酬、利息、股息、财产转让等所得是按照一定的比例一次性征收的，而且税收比例往往是 20%。但是像工资、薪金或者工商户的生产经营所得由于个体之间的差异悬殊，出于社会公允的考虑而采用超额累进税率。通俗地讲就是多得多缴，少得少缴。

《个人所得税法》以居民个人的综合所得计算应纳税所得额，即以每一纳税年度的收入额减除费用 6 万元以及专项扣除，专项附加扣除和依法确定的其他扣除后的余额。全年应纳税所得额的起点为 6 万元，换句话说，如果全年应纳税所得额低于 6

万元，就不必缴纳个人所得税；超过 6 万元的部分若不超过 36000 元，则这部分税率为 3%；若超过 6 万元的部分超过 36000 元而不超过 144000 元，则这部分的税率为 10%，以此类推。如果以月收入 8000 元为例，年收入为 96000 元，若无其他扣除项目，则一个纳税年度内应缴纳的个人所得税为：(96000 - 60000) ×3% =1080 元。

22 应纳税所得额如何计算?

我国的个人所得税是以应纳税所得额为依据征收的。根据《个人所得税法》第六条的规定，每项个人所得税的应纳税所得额都有所不同，主要分为以下几种：

（1）居民个人的综合所得，以每一纳税年度的收入额减除费用 6 万元以及专项扣除、专项附加扣除和依法确定的其他扣除后的余额，为应纳税所得额。其中，专项扣除包括居民个人按照国家规定的范围和标准缴纳的基本养老保险、基本医疗保险、失业保险等社会保险费和住房公积金等；专项附加扣除，包括子女教育、继续教育、大病医疗、住房贷款利息或者住房租金、赡养老人等支出。

（2）非居民个人的工资、薪金所得，以每月收入额减除费用 5000 元后的余额为应纳税所得额；劳务报酬所得、稿酬所得、特许权使用费所得，以每次收入额为应纳税所得额。

（3）经营所得，以每一纳税年度的收入总额减除成本、费用以及损失后的余额，为应纳税所得额。

（4）财产租赁所得，每次收入不超过4000元的，减除费用800元；4000元以上的，减除20%的费用，其余额为应纳税所得额。

（5）财产转让所得，以转让财产的收入额减除财产原值和合理费用后的余额，为应纳税所得额。

（6）利息、股息、红利所得和偶然所得，以每次收入额为应纳税所得额。需要特别说明的是，劳务报酬所得、稿酬所得、特许权使用费所得以收入减除20%的费用后的余额为收入额；稿酬所得的收入额减按70%计算。个人将其所得对教育、扶贫、济困等公益慈善事业进行捐赠，捐赠额未超过纳税人申报的应纳税所得额30%的部分，可以从其应纳税所得额中扣除；国务院规定对公益慈善事业捐赠实行全额税前扣除的，按照规定全额扣除。

23　哪些情况下税务机关可以进行合理的税收调整？

根据《个人所得税法》第八条的规定，我国的税务机关在特定的情况下可以对个人应征税额进行调整，一般是个人通过不正当方式减少个人应纳税额的情况：（1）个人与其关联方之间的业务往来不符合独立交易原则而减少本人或者其关联方应纳税额，且无正当理由。（2）居民个人控制的，或者居民个人和居民企业共同控制的设立在实际税负明显偏低的国家（地区）的企业，无合理经营需要，对应当归属于居民个人的利润不作分配或者减少分配。（3）个人实施其他不具有合理商业目的的安排而获取不当税收利益。前述情况下，税务机关一般会依照规定作出纳税调整，对需要补征税款的个人加征税款，并依法加收税款的利息。

第四章

社会保险与福利

第一节　社会保险

1　社会保险由哪几部分组成？

根据《社会保险法》第二条、第十条、第二十三条、第三十三条、第四十四条以及第五十三条的规定，我国境内的用人单位和劳动者个人均应依法缴纳社会保险费，该笔费用将用于如下几项保险：（1）为保障达到法定退休年龄的劳动者退休后在无收入来源的情况下仍能维持正常的生活而依法建立的基本养老保险。（2）为减轻人们因高昂的就医治病费用产生的负担而依法建立的基本医疗保险。（3）为保障劳动者因工受伤、致残或者死亡后本人或近亲属的切身利益而依法建立的工伤保险。（4）为保障未达到法定退休年龄的劳动者因某些客观原因下岗失业后的基本生活而依法建立的失业保险。（5）为保障女性劳动者生育抚养下一代期间权益而依法建立的生育保险。

2 社会保险费的征缴范围具体是怎样的？

社会保险分为基本养老保险、基本医疗保险、失业保险、工伤保险和生育保险，而各类保险费的征缴范围略有不同。根据《社会保险费征缴暂行条例》第三条的规定，具体征缴范围如下：(1) 基本养老保险费的征缴范围是我国的国有企业、城镇集体企业、外商投资企业、城镇私营企业和其他城镇企业及其合法的全体职工，实行企业化管理的事业单位及其合法的全体职工。(2) 基本医疗保险费的征缴范围是我国的国有企业、城镇集体企业、外商投资企业、城镇私营企业和其他城镇企业及其合法的职工，国家机关及其内的全体工作人员，事业单位及其合法的全体职工，民办非企业单位及其合法的全体职工，社会团体及其所有专职人员。(3) 失业保险费的征缴范围是我国的国有企业、城镇集体企业、外商投资企业、城镇私营企业和其他城镇企业及其合法的全体职工，事业单位及其合法的全体职工。省一级的人民政府可以根据当地的实际情况，将城镇的个人工商户纳入基本养老保险和医疗保险的征缴范围，同时可以规定将社会团体及其合法的所有专职人员、民办非企业单位及其合法全体职工、有雇工的城镇个体工商户及其全部合法雇员纳入失业保险的征缴范围。(4) 工伤保险费的征缴范围没有具体细致的规定，而是参照基本养老保险费、基本医疗保险费、失业保险费的征缴规定执行。

3 用人单位缴纳社会保险费前需要登记吗?

根据《社会保险法》第五十七条的规定，用人单位应当自成立之日起30日内凭营业执照、登记证书或者单位印章，向当地社会保险经办机构申请办理社会保险登记。依法办理登记后用人单位才算正式参加社会保险，才能开通社会保险账户，之后用人单位每次缴纳的社会保险费才会顺利进入开通的社会保险账户。《社会保险费征缴暂行条例》第七条对用人单位需要申请登记的事项作了较为明确的规定，根据条文的表述，用人单位向社会保险经办机构登记的事项包括如下：(1) 用人单位的全称；(2) 用人单位的住所；(3) 用人单位日常的经营地点；(4) 单位的类型及其法定代表人或负责人；(5) 单位的银行开户账号；(6) 国务院劳动保障部门规定的其他事项。

4 用人单位申请、变更社会保险登记的具体程序是怎样的?

根据《社会保险法》第五十七条的规定，用人单位应当在成立之日起30日内凭借营业执照、登记证书、单位印章向所在地的社会保险经办机构办理社会保险登记，社会保险经办机构在收到申请后的15日内审核，通过后发给用人单位社会保险登记证件。如果用人单位社会保险登记证件上的相应事项发生变更或者用人单位依法终止的，应当自变动事项发生的30日内向社会保险经办机构办理变更或者注销社会保险登记。针对上述用人单位变更或者终止的事项，市场监督管理部门、民政部门和机构编制管理机关应及时向社会保险经办机构通报用人单位成立、终止等情况。公安机关也应及时向社会保险经办机构通报个人的出生、死亡以及户口登记、迁移、注销等情况，以便社会保险经办机构对其社会保险登记作出相应的处理。

5 劳动者申请社会保险登记的具体程序是怎样的?

根据《社会保险法》第五十八条的规定，劳动者申请社会保险登记的具体程序需要分如下两种情况确定：（1）针对那些在用人单位有固定职位的劳动者。用人单位有义务为自己聘用的劳动者向社会保险经办机构申请办理社会保险登记，时间点为自用工之日起30日之内。如果用人单位在这个时间节点内没有为自己聘用的劳动者办理社会保险登记，则由社会保险经办机构核定该名劳动者应缴纳的社会保险费用。（2）针对那些没有雇工的个体工商户、未在用人单位参加社会保险的非全日制工作人员以及其他灵活就业人员，若自愿参加社会保险，应自行向社会保险经办机构申请办理社会保险登记。当社会保险登记完成后，社会保险经办机构会将劳动者的身份证号记录为个人的社会保障号码。

6　用人单位需要每月申报缴纳的社会保险费用吗？

根据《社会保险费征缴暂行条例》第十条的规定，用人单位在每月缴纳社会保险费之前，应向社会保险经办机构申报应缴纳的社会保险费数额，经社会保险经办机构核定后，在规定期限内按照申报的金额缴纳。若缴费单位当月没有按照规定申报应缴纳的社会保险费数额，由社会保险经办机构按照上个月用人单位缴纳的数额的110%确定应缴纳的数额。如果是用人单位首次缴费没有申报，没有之前的缴费数额可供参考，就由社会保险经办机构根据该单位的经营状况、职工人数等情况综合确定应缴数额。用人单位之后若补办申报手续并按照核定的数额缴纳社会保险的，由社会保险经办机构按照规定进行相应的结算。

7 用人单位能否将社会保险费以现金形式直接补助给劳动者?

情景再现

林灰毕业后就职于一家私营企业，由于该企业规模较小，又是私人老板，内部的人事管理非常混乱。到了发第一个月工资的时间，林灰看到了自己的工资明细单，社会保险那一栏是醒目的空白，同时令他疑惑的是，工资那一栏莫名多出了1000多块钱。林灰找到了财务部的主管，对方的解释是，第一个月个人社保账户因为程序原因没有开通，没法缴纳社保所以以工资的形式直接补助给劳动者。林灰信以为真，没有再考虑这件事，然而到了第二个月发工资的时间点，企业依然没有给林灰缴纳社会保险，这次则是以现金形式直接交到他手上。林灰发觉事情不对，拨打了市民法律热线，他想弄清楚企业是否可以用补助的形式代替缴纳社会保险费用。

法律分析

有的用人单位在与劳动者签订的劳动合同中约定用人单位不为劳动者缴纳社会保险费而以每月给劳动者发放一定的补助作为代替，部分用人单位甚至不在劳动合同中约定而直接这样操作。由于劳动者在求职时处于相对弱势，缺少讨价还价的条件，这种做法又具有一定的迷惑性，使得劳动者认为自身的权益没有受到侵害。但事实上，用人单位以现金补助代替社会保险费的做法是不合法的。

根据《劳动合同法》第十七条和第三十八条的规定，社会保险条款是劳动合同的必备条款。同时，不缴纳社会保险是劳动者解除劳动合同并要求经济补偿金的理由。而《社会保险法》第四条更是直接规定劳动者有权享受社会保险待遇，缴纳社会保险是用人单位的法定义务。由此可见，参加社会保险是为了保障劳动者在年老、疾病、工伤、失业、生育等情况下依法从国家和社会获得物质帮助的权利，具有强制性与法定性。用人单位以现金补助代替社会保险费的行为，无论是否与劳动者在劳动合同中加以约定都是违法的。并且，有时劳动者自身会提出类似要补助、不要社会保险费的要求，这样的要求同样是无效的，用人单位如果这样操作则会面临法律风险。

8　社会保险费缴纳基数低于劳动者月平均工资合法吗？

享受社会保险待遇是每个劳动者入职后应有的权利，为自身的职工缴纳社会保险费则是每个用人单位应尽的法定义务。既然缴纳社会保险费的义务无法推脱，部分用人单位为了逃避该义务带来的庞大人力资源成本，一般会采用一种打“擦边球”的方式。通常情况下，社会保险费的缴纳基数应当是劳动者上一年度的月平均工资，但用人单位与劳动者自行约定，以低于该基数，甚至以用人单位所在地上一年度劳动者最低月平均工资的标准缴纳社会保险费，这样操作既保证了缴纳社会保险费义务的完成，又不至于受累于过高的人力资源成本。上述做法是部分管理不规范的用人单位最常见的社会保险费缴纳方式。但是，这样的做法明显是不符合法律规定的。

社会保险费的缴纳具有法定性与强制性，意味着用人单位需要按照法律规定的缴纳种类、缴纳基数和缴纳时间节点及时足额缴纳社会保险费。《社会保险法》第六十三条和《社会保险费申报缴纳管理规定》第十六条及第三十条明确规定了用人单位不足额缴纳社会保险费的法律后果，用人单位将会面临社会保险费征收机构的查处，同时还会加收相应的滞纳金（从欠缴之日起按日加收0.5‰），若受到警告后逾期仍未缴纳社会保险费的将会面临欠缴数额一倍以上三倍以下的罚款。但是值得一提的是，未足额缴纳社会保险费用的违法行为较为隐蔽，需要劳动者有积极维护自身的合法权益的自觉性，主动向社会保险费征收机构投诉与检举。

9 用人单位不按时足额缴纳社会保险费会有哪些法律后果？

我国社会保险方面的法律规定用人单位有义务参加社会保险并按时足额缴纳社会保险费，但总会有部分用人单位逾期不缴纳或者逾期不补足社会保险费。根据《社会保险法》第六十三条的规定，针对用人单位的上述行为，社会保险费征收机构可以向银行或者其他金融机构查询单位的存款账户，若单位账户内的余额多于需缴纳的社会保险费金额，则社会保险费征收机构可以向县级以上有关行政部门申请划拨单位账户内的存款，由行政部门决定并书面通知银行或其他金融机构进行划拨。若单位账户内的存款数额少于社会保险费金额，社会保险费征收机构可以要求用人单位提供担保并签订延期缴费协议。用人单位若未足额缴纳社会保险费且没有提供相应的担保，社会保险费征收机构可以申请人民法院采用强制手段，如扣押、查封、拍卖其价值相当于应当缴纳社会保险费的财产，以拍卖所得抵缴社会保险费。

同时根据《社会保险费征缴暂行条例》第十三条的规定，用人单位未按规定缴纳社会保险费且经劳动保障行政部门或税务机关责令限期缴纳后仍不缴纳社会保险费的，不但要补足欠缴的费用，同时从欠缴之日起按日加收2‰的滞纳金，滞纳金并入社会保险基金专用账户。

10 逾期缴纳社会保险费加收的滞纳金可以从劳动者工资里扣除吗?

社会保险费的缴纳由用人单位和劳动者共同完成，但一般情况下，个人缴纳的部分劳动者也会委托用人单位代为缴纳。现实中经常会出现用人单位缴纳社会保险费不及时、不足额缴纳、不按规定的种类缴纳等种种不规范的行为。此时，社会保险行政部门收到投诉后就会责令用人单位限期改正，并每日加收0.5‰的滞纳金以示惩罚，部分用人单位却“耍小聪明”，将滞纳金从劳动者的工资里扣除，这种做法是完全违反《社会保险法》的规定的。根据《社会保险费申报缴纳管理规定》第十一条的规定，劳动者委托用人单位缴纳个人应当缴纳的社会保险费的，用人单位应当及时足额缴纳以保障劳动者的权益，单位负担的部分亦是如此。逾期缴纳的责任全部归咎于用人单位，滞纳金作为一种惩罚方式自然应当由用人单位承受，用人单位不得要求职工承担滞纳金。劳动者在每月核对工资时可以要求用人单位将违法扣除的部分及时补发给自己。

11　对于社会保险费的缴纳情况，劳动者有权要求用人单位予以明示吗?

现实生活中，几乎所有的劳动者都会委托用人单位从自己的工资中将社会保险费中个人负担的部分予以代扣代缴，于是整个社会保险费缴纳的过程都由用人单位经手，很多时候劳动者看到的只是工资单上的一个数字，并不了解具体的缴纳情况。其实，劳动者若想知道自己社会保险费的具体缴纳情况，是有权要求用人单位予以明示的。根据《社会保险法》第六十条、《社会保险费申报缴纳管理规定》第十四条、《实施〈中华人民共和国社会保险法〉若干规定》第二十四条的规定，用人单位将每月的社会保险费缴纳明细告知劳动者本人是法定义务，而且用人单位每年都应将全年的社会保险费缴纳明细公布在单位内的显著位置，接受全体劳动者的监督。若用人单位没有做到上述法定义务，劳动者可以向社会保险行政部门投诉以维护自身的合法权益。

12　社会保险基金由哪几部分组成?

根据《社会保险费征缴暂行条例》第十四条的规定，用人单位和劳动者参加社会保险而缴纳的社会保险费会存入国家财政部门在国有商业银行开设的社会保障基金财政专户。根据《社会保险法》第六十四条的规定，社会保险基金由以下五个部分组成：（1）基本养老保险基金；（2）基本医疗保险基金；（3）工伤保险基金；（4）失业保险基金；（5）生育保险基金。

各项社会保险基金不是统一在一个专用账户内，根据《社会保险法》第六十四条的明确规定，除基本医疗保险基金与生育保险基金合并建账及核算外，基本养老保险基金、工伤保险基金以及失业保险基金将按照险种分别建账、分别核算，各项社会保险基金均执行国家统一的会计制度。

13 社会保险基金的运营受到监督吗？

社会保险基金从全国范围来看是一笔庞大的金额，同时又事关每个劳动者的切身利益，所以对此进行行政监督检查是十分必要的。根据《社会保险法》第七十七条和第七十九条的规定，对社会保险基金进行行政监督检查的机构为社会保险行政部门，通常情况下是各地的人力资源和社会保障部门。人力资源和社会保障部门对社会保险基金的收支、管理和投资运营等日常活动进行监督检查，若发现问题会提出相应的整改建议并将检查结果定期向社会公布。必要的时候，人力资源和社会保障部门还有权力采取以下措施：（1）查阅、记录、复制与社会保险基金收支、管理和投资运营相关的资料，为了防止相关资料被转移，会对可能灭失的材料进行封存。（2）询问与调查事项有关的单位和个人，要求有关人员对与调查事项有关的问题作出说明并提供相关的证明材料。（3）制止隐匿、转移、挪用社会保险基金的违法行为并责令改正。

14　如何对社会保险基金进行社会监督?

社会保险基金事关社会民生，除了严格的行政监督，还要对其进行必要的社会监督。根据《社会保险法》第八十条的规定，在社会保险基金的统筹地区，人民政府会成立由用人单位代表、参保人员代表、工会代表、专家等组成的社会保险监督委员会。社会监督委员会对社会保险基金的收支、管理和投资运营情况进行掌握、分析，对社会保险工作提出咨询意见和建议。社会保险经办机构应定期向社会保险监督委员会汇报社会保险基金的收支、管理和投资运营情况，社会保险监督委员会也可以自己聘请会计师对基金的收支、运营等相关情况进行年度审计和专项审计，审计结果应当向社会公开。当社会保险监督委员会发现社会保险基金管理运营存在问题时，有权对此提出改正建议，对社会保险经办机构及其工作人员的违法行为有权依法向有关部门提出处理的建议。社会保险监督委员会通过上述职权来实现对社会保险经办机构和社会保险基金的社会监督。

15 社会保险经办机构的日常工作有哪些?

根据《社会保险法》第七十四条的规定，社会保险经办机构通过业务经办、统计或调查获取用人单位或劳动者社会保险工作的有关数据。具体包括如下几个方面：(1) 针对用人单位，社会保险经办机构应及时为用人单位建立社会保险档案，准确、完整地记录单位中的参保人员、缴费等社会保险数据，将用人单位的社会保险登记、申报的原始凭证和支付结算的会计凭证妥善保管。(2) 针对劳动者个人，社会保险经办机构应及时、完整、准确地记录参保人员的个人缴费和单位缴费以及享受社会保险待遇等个人权益记录，同时定期将个人权益单免费寄送给劳动者本人。(3) 当用人单位和劳动者想查询和核对其缴费和享受社会保险待遇的记录、咨询社会保险相关的事项时，社会保险经办机构应免费且及时地提供相应的服务。

16 面对社会保险费征收机构的违法行为，劳动者有哪些救济措施？

实践中，一些社会保险经办机构不按照用人单位或劳动者的申请及时提供相关的社会保险服务。甚至有的社会保险经办机构还存在各种侵害用人单位或劳动者社会保险权益的行为，如不依法办理社会保险登记、不依法核定社会保险费、不足额支付社会保险待遇或者不及时协助办理社会保险转移交接手续等。为了在上述情况中保障用人单位和劳动者的合法权益，《社会保险法》第八十三条规定，当事人认为社会保险费征收机构的行为侵害自己合法权益的，可以向行政机关依法申请行政复议，请求上级行政机关对社会保险费征收机构作出的行政行为进行审查，有违法行为的及时责令其改正。当事人也可以向法院提起行政诉讼，请求法院判决社会保险费征收机构的行政行为违法并限期改正。

17 社会保险经办机构申请划拨社会保险费需要提交哪些材料？

用人单位逾期不缴纳或者逾期不补足社会保险费，社会保险费征收机构可以向银行或者其他金融机构查询单位的存款账户，若单位账户内的余额多于需缴纳的社会保险费金额，则社会保险费征收机构可以向县级以上社会保险行政部门申请划拨单位账户内的存款。此时，根据《社会保险费申报缴纳管理规定》第十八条的规定，社会保险经办机构需要提交的材料如下：(1) 用人单位的名称、法定代表人、地址及联系方式；(2) 用人单位的开户银行名称、户名及对应账号；(3) 社会保险经办机构申请划拨存款的事实、理由及依据；(4) 申请划拨社会保险费的数额；(5) 社会保险行政部门要求的其他材料。

18 法律对社会保险行政部门决定划拨社会保险费有哪些限制？

社会保险行政部门在用人单位逾期不缴纳或不补足社会保险费的情况下有权作出划拨用人单位银行账户余额的决定。社会保险基金的稳定运行是关乎民生的大事，又切实关乎用人单位与劳动者的权益，而社会保险行政部门决定划拨银行账户余额作为社会保险费的权力过大，法律应对此作出一定的限制。根据《社会保险费申报缴纳管理规定》第二十七条的规定，社会保险行政部门在作出上述决定的过程中若是有违法行为，则由上级社会保险行政部门责令改正；直接负责的主管人员和其他直接责任人员应受处分并对用人单位和劳动者的损失承担赔偿责任；若是构成犯罪则应追究其刑事责任。

法律规定应受处罚的有如下行为：（1）社会保险行政部门作出划拨社会保险费的决定时违反法律规定的程序。（2）作出划拨社会保险费决定并书面通知用人单位开户银行或者其他金融机构的时间超过了法律的规定。（3）决定划拨的社会保险费数额错误。（4）在划拨社会保险费前向当事人泄露信息导致当事人转移财产等影响划拨进程。（5）违反法律、法规和规章的其他行为。

19　法律对社会保险经办机构及其工作人员有哪些限制？

社会保险经办机构作为直接经手社会保险费的行政部门，法律对其权力进行限制很有必要。根据《社会保险费申报缴纳管理规定》第二十八条的规定，社会保险经办机构及其工作人员存在如下违法行为的，由社会保险行政部门责令改正，直接负责的主管人员和其他直接责任人员视情节轻重依法受到相应处分：（1）未按照《社会保险费申报缴纳管理规定》第八条核定或确定用人单位应当缴纳的社会保险费数额。（2）对已征收的社会保险费没有按照国家规定记账。（3）未按照法律规定责令用人单位补缴拖欠的社会保险费与滞纳金。（4）申请法院强制执行用人单位资产时不符合法律规定。（5）与用人单位签订的延期缴费协议及对应的担保合同不符合法律的规定。（6）签订担保合同前未按照规定仔细审核用人单位的担保财产或在签订合同之后处置担保财产时违反有关规定。（7）法律、法规和规章规定的其他情形。

20 社会保险经办机构申请法院强制执行应提交哪些材料？

社会保险经办机构在用人单位逾期未缴纳或未足额缴纳社会保险费且没有提供担保的情况下可以向用人单位所在地有管辖权的法院申请查封、扣押并拍卖用人单位的财产。

根据《社会保险费申报缴纳管理规定》第二十六条的规定，社会保险经办机构申请法院强制执行需要提供如下材料：（1）强制执行申请书，申请书上应有社会保险经办机构负责人的签名，同时须加盖社会保险经办机构的印章以及注明盖章日期。（2）用人单位欠缴社会保险费以及需要加收逾期滞纳金的事实、理由与依据。（3）社会保险经办机构发出的限期补缴社会保险费的通知。（4）用人单位的意见。（5）用人单位清偿社会保险费时遇到特殊情况的材料，特殊情形包括银行账户余额少于应缴纳的社会保险费且未提供担保；经过划拨程序，仍未足额清偿应缴纳的社会保险费且未提供担保；签订的延期缴费协议期满，担保财产的市场价格或权利状况发生变化导致用人单位仍未足额清偿应缴纳的社会保险费。（6）申请强制执行的用人单位的财产情况。（7）法律、行政法规规定以及法院要求的其他材料。只有提交以上所有材料，社会保险经办机构才能向法院申请强制执行用人单位的财产来清偿逾期的社会保险费与加收的滞纳金。

第二节　工伤保险

1 享受工伤保险待遇的劳动者有哪些？

根据《工伤保险条例》第二条的规定，我国境内的企业、事业单位、社会团体、民办的非企业单位、基金会、律师和会计师事务所等组织以及有雇工的个体工商户作为用人单位都应当参加工伤保险并为本单位的全部职工或者雇员缴纳工伤保险费。因此，通常情况下，我国境内有权享受工伤保险待遇的劳动者有如下这些：（1）企业、事业单位聘用的合法劳动者。（2）社会团体、民办的非企业单位聘用的合法劳动者。（3）基金会、律师事务所、会计师事务所等组织形成劳动关系的员工。（4）个体工商户聘用建立劳动关系的雇工。

2 劳动者个人需要缴纳工伤保险费吗？

劳动环境是否安全关系到每位劳动者的切身利益，保障劳动者的生命安全与健康是用人单位应尽的义务，因此工伤保险与养老保险等基本保险存在区别。基本养老保险费等是由劳动者和用人单位共同缴纳的，并不是用人单位单独的法定义务。而工伤保险则不同，根据《工伤保险条例》第十条的规定，用人单位应当为其合法的职工按时缴纳工伤保险费，而职工个人不必缴纳相应的费用。缴纳工伤保险费是用人单位单独的法定义务。用人单位缴纳的工伤保险费为本单位全体职工工资总额乘以单位缴费费率之积。有些行业由于自身的特殊性，难以按照工资总额缴纳工伤保险费，则其缴纳工伤保险费的具体方式由国务院社会保险行政部门作出具体的规定。

3　劳动者受伤的哪些情形可以被认定为工伤？

情景再现

李大爷是一家工厂的门卫，主要负责夜晚的值班和看守工作。工厂特意为他在值班室准备了床和被褥，供他夜间小憩。李大爷由于年事较高，心脏一直不太好。在一天值班时不幸心脏病发作倒在了自己的岗位上。李大爷的家属认为李大爷是在工作岗位上去世的，工厂应当负责丧葬费、慰问费等一系列善后费用。工厂方面则认为李大爷是在非正常工作时间去世的，而且李大爷自己知道心脏有问题还同意上夜班，属于风险自担的情况，现在出了事，工厂出于人道主义给予一定的慰问金，但不应该承担所有的善后费用。李大爷家属对于这样的解释并不买账，向工厂所在地的劳动行政部门讨要说法。

法律分析

工伤系因为工作而遭受事故伤害或者因某些工作的性质不幸患上了职业病。但这只是很笼统的定义，在法律上对于工伤情形的认定是有严格标准的，因为工伤的认定直接关系到受伤的劳动者能否获得工伤保险赔偿。

根据《工伤保险条例》第十四条的规定，总体来说受到事故伤害时劳动者需要直接或间接处于工作状态，具体到如下情形会被认定为工伤：（1）最典型的是，在工作时间和工作场所内，因工作内容受到事故伤害或者履行职责时受到暴力等意外伤害。（2）不在工作场所内，但是在工作时间外出时因工作原因受到伤害或者下落不明。（3）不在工作时间，但在工作场所内因为从事与工作有关的预备或者收尾工作时受到事故伤害。（4）既不在工作时间，也不在工作场所内，但是在上下班途中遭受交通事故伤害且主要责任不是劳动者本人的。（5）不幸患上职业病的。（6）法律、行政法规规定应当被认定为工伤的其他情形，包括：①在工作时间和工作岗位突发疾病死亡或在48小时之内经抢救无效死亡；②在抢险救灾等维护国家利益、公共利益活动中受伤；③获得革命伤残军人证的劳动者在用人单位旧伤复发。

李大爷的工作是值夜班，所以晚上正是他的工作时间，同时他又是在工作地点突发疾病去世的，所以应当认定为工伤。

4　工伤保险费的费率如何确定?

依据《工伤保险条例》第八条的规定，我国社会保险行政部门确定基本工伤保险的保险费费率是根据以支定收、收支平衡为原则的。首先，社会保险行政部门根据不同行业的工伤风险程度确定行业的差别费率，工伤风险高的行业自然工伤保险费的费率较高。其次，社会保险行政部门根据工伤保险费使用、工伤发生率等情况在每个行业内确定若干费率档次，工伤保险费使用越多、工伤发生率越高的，最终确定的费率档次自然越高。再次，社会保险行政部门将确定后的行业之间的差别费率及每个行业内部的不同费率档次上报国务院审核，国务院批准后在全国范围内正式公布实施。最后，全国统筹地区的工伤保险经办机构根据国务院批准的全国标准参照本地区用人单位工伤保险费的使用、工伤发生率等情况，适用相应行业内不同的费率档次最终确定某一用人单位的工伤保险缴费费率。

5 劳动者参加团队出游时意外受伤可以作为工伤处理吗？

情景再现

小蒋在一家私营企业就职，老板为人和善，体恤下属，经常带自己的团队外出开展团队建设，增强彼此的信任与凝聚力。但是出游的次数多了，难免会发生意外。小蒋就在一次团队出游时不慎受伤，花费了一笔不菲的医疗费。小蒋申请工伤认定，企业却推脱说团队出游不算工作时间，也不在工作场所内，不能作为工伤处理。小蒋为此自行向工伤认定机构咨询以确定这种情形是否真的不能被认定为工伤。

法律分析

现在大多数用人单位都会为自己的员工提供各种福利待遇，如团队出游，既能调节员工因工作而疲劳的身心，又能增强工作团队成员彼此之间的信任和凝聚力。但是，在团队出游过程中如果发生意外导致员工受伤，这种情况是否应该被算作工伤呢？《工伤保险条例》第十四条和第十五条规定了能被认定为工伤的情形，团队出游意外受伤虽然没有被直接列入其中，但是作为一种娱乐活动，团队出游的最终的目的是让员工能更好地投入工作，所以可以看作一种“变相的工作方式”，且大多数团队出游都是在正常工作日进行，不会占用员工的休息时间。《工伤保险条例》第十四条规定认定为工伤的其中一种情形是，不在工作场所内，但是在工作时间外出，因工作原因受到伤害或者发生事故而下落不明。显然，这种情形跟小蒋的遭遇吻合，因此小蒋在团队出游时意外受伤可以作为工伤处理并依法享受工伤保险待遇。

6 退休返聘人员上下班途中遭遇车祸可以算作工伤吗？

情景再现

陈阿姨今年65岁了，本应领着养老金在家安心享受退休时光。但她忙碌了一辈子，突然闲下来反而不适应，于是就在曾经工作过的车间找了一份简单的工作，每天和正常工人一样准时上下班。但有一天，陈阿姨骑自行车上班时不幸被一辆逆行的汽车撞倒，车主肇事后就逃逸了，不知所终。陈阿姨被送往医院，花了一笔不小的费用，她向工厂主张按照工伤处理，工厂方面则认为陈阿姨已经退休，属于退休返聘人员，不能按照工伤处理，双方由此发生了激烈的争执。

法律分析

退休返聘人员，指的是已经达到法定退休年龄，又被用人单位重新聘用从事某些工作的人员。这种现象在如今的社会普遍存在，一类是用人单位出于节省人力资源成本的考虑，聘用已经退休的人员从事门卫、夜班值勤等简单、轻松却又不可或缺的工作。另一类是某些技术科研单位聘用已经退居二线但是德高望重同时经验丰富的专家从事指导或者顾问的工作。

虽然退休返聘情形普遍存在且有一定的合理性，但是退休返聘人员还是与劳动者存在本质上的区别。例如，退休返聘人员上班途中遭遇车祸是不能按照工伤进行处理的。根据《劳动合同法实施条例》第二十一条的规定，劳动者达到法定年龄的，劳动合同终止。同时，根据《最高人民法院关于审理劳动争议案件适用法律问题的解释（一）》第三十二条的规定，享受养老保险待遇或领取退休金的人员被用人单位聘用，与用人单位发生用工争议的，按照劳务关系处理。显然，这样的规定说明即使退休返聘人员与用人单位签订了合同，也并不存在劳动关系，而只是劳务关系。能被认定为工伤的前提是存在劳动关系，既然退休返聘人员与用人单位之间不存在劳动关系，那自然不能按照工伤处理。因此，陈阿姨的这种情况不能被认定为工伤，而应根据劳务合同的约定最终明确企业是否应当承担责任与赔偿费用。

7 劳动者在工作时间和工作场所内受伤都能认定为工伤吗?

劳动者在工作时间和工作场所内因为工作原因遭受事故伤害是被认定为工伤的最典型也是最充分的条件，然而这并不意味着只要在工作时间和工作场所内遭受事故伤害就能认定为工伤，根据《工伤保险条例》第十六条的规定，一旦出现以下情形，就不得认定为工伤或者视同工伤：（1）劳动者因为故意犯罪而受伤或死亡的，违法犯罪的行为不应受到法律的保护。（2）劳动者在醉酒或者吸毒的状态下导致受伤或者死亡，劳动者在醉酒或者吸毒前应该认识到喝酒或吸毒后不能控制自己的行为会产生的后果，如果依然选择醉酒或吸毒，法律是不会保护这种自担风险的劳动者的。（3）劳动者自残或者自杀。类似于第二种情况，劳动者不对自己的行为负责，不珍惜自己的生命安全与健康，法律亦不会对其进行保护。

8 工伤认定有期限限制吗?

劳动者因工致伤后需要进行工伤认定，而法律对于工伤认定的期限有明确的规定，以此督促劳动者及时申请工伤认定，依法获得工伤保险待遇。根据《工伤保险条例》第十七条的规定，劳动者在遭受事故伤害或者被诊断、鉴定为职业病之日起30日之内，用人单位应当为劳动者向统筹地区社会保险行政部门提出工伤认定申请，若遇到特殊情况需要适当延长期限，可报社会保险行政部门批准。如果用人单位没有依法按时为劳动者申请工伤认定，则该期间发生的符合工伤待遇等有关费用由用人单位负责，且劳动者本人或其近亲属可在劳动者遭受事故伤害或者被诊断、鉴定为职业病之日起一年内自行向用人单位所在地的社会保险行政部门申请工伤认定。

9 申请工伤认定需要提交哪些材料？

申请工伤认定应当向用人单位所在地的社会保险行政部门提出，通常指的是人力资源和社会保障局。根据《工伤保险条例》第十八条的规定，申请工伤认定需要提交的材料如下：（1）工伤认定申请表，一般包含事故发生的时间、地点、原因以及职工伤害程度等基本情况。（2）证明与用人单位存在劳动关系的材料，一般包括签订的劳动合同、工资单、社保记录、单位开具的在职员工证明等。若有的用人单位没有与劳动者签订劳动合同，又没有缴纳社保，也不愿意开在职证明，即所谓的“打黑工”，则劳动者可以通过证明事实上的劳动关系来申请工伤认定。事实上的劳动关系可以通过提供签到表、用人单位的门禁卡或内部工作资料等材料来证明。（3）医疗诊断证明或者职业病诊断证明书（或者职业病诊断鉴定书），这些材料一般在就诊的医院就可以开具。

10　社会保险行政部门作出工伤认定需要经过哪些程序？

根据《工伤保险条例》第二十条的规定，一般而言，社会保险行政部门在受理当事人的工伤认定申请后60日内应当作出工伤认定的决定，并且书面通知申请工伤认定的劳动者或其近亲属以及其就职的用人单位。对于那些事实清楚、权利义务明确的工伤认定申请，法律规定社会保险行政部门应当在15日内作出工伤认定的决定。若一些工伤认定较为复杂，同时需要司法机关或者有关行政主管部门的结论为依据的，等待司法机关或行政主管部门结论的这段时间，工伤认定决定时限中止。针对那些与工伤认定申请人有利害关系的社会保险行政部门工作人员，法律强制其必须予以回避以保证工伤认定的公正性。

11　劳动者遭受工伤，接受治疗期间的薪水如何计算？

劳动者遭受工伤，接受治疗的期间被称作停工留薪期，顾名思义，就是劳动者暂离工作岗位，但是照常获得薪水以及各项福利待遇的一段时期。根据《工伤保险条例》第三十三条的规定，停工留薪期的持续时间一般不超过12个月，如果有特殊情况或者伤情严重的，可以向地级市劳动能力鉴定委员会申请，最多再延长12个月，同时该时期内劳动者的原工资福利待遇不变，由用人单位按月正常支付。工伤职工在停工留薪期满后仍需治疗的，可以继续享受工伤医疗待遇。对于那些因工致残的劳动者，情况有些许区别，因工致残需要申请劳动能力鉴定，在伤残评定结果出来之后，劳动者就不再享受停工留薪期的待遇，而改为享受相关的伤残待遇。

12 劳动者因工外出，遭受意外、下落不明的情况如何处理？

劳动者因工受伤的情况比较常见，依法享受工伤保险待遇即可。但如果是因工外出后遭受意外而下落不明，法律上又是如何规定的呢？其实，这种情形法律上明确规定应定性为工伤，只是与常见的因工受伤享受的工伤保险待遇有所不同。

根据《工伤保险条例》第四十一条的规定，劳动者因工遭受意外、下落不明当月起的3个月内，原工资福利待遇不变，由用人单位正常支付。从第4个月起，若劳动者仍没有回来，停发工资等待遇，由工伤保险基金向劳动者的近亲属按月支付抚恤金，遇到近亲属生活有困难的特殊情形，还可以预支一次性工亡补助金的50%。一般情形下，根据《民法典》第四十六条的规定，自然人因意外事件下落不明满二年，近亲属等利害关系人可以向人民法院申请宣告其死亡。之后，劳动者的近亲属就可以按照《工伤保险条例》第三十九条的规定依法领取丧葬补助金、供养亲属抚恤金和一次性工亡补助金。其中，丧葬补助金为6个月的死亡职工所在统筹地区上年度职工月平均工资。供养亲属抚恤金按照职工本人工资的一定比例发给其生前提供主要生活来源且无劳动能力的亲属。抚恤金的发放比例标准为配偶每月40%，其他亲属每人每月30%，孤寡老人或者孤儿每人每月在上述标准的基础上增加10%。但核定的各供养亲属的抚恤金之和不应高于因工死亡职工生前的工资。抚恤金能供养亲属的具体范围由国务院社会保险行政部门规定。一次性工亡补助金的标准为职工死亡上一年度全国城镇居民人均可支配收入的20倍。

13 什么是劳动能力鉴定？

一般情况下，劳动者因工遭受损伤是不需要进行劳动能力鉴定的，只要依法申请工伤认定，享受相应的工伤保险待遇就可以了。劳动者需要进行劳动能力鉴定的情形一般是像《工伤保险条例》第二十一条规定的，在经过治疗，伤情相对稳定后存在残疾即因工致残或其他影响劳动能力的情形。劳动者通过劳动能力鉴定以鉴定自身的伤残等级，以便确定相应的工伤保险待遇等级。《工伤保险条例》第二十二条对此有明确的规定，劳动能力鉴定是指劳动功能障碍和生活自理障碍程度的等级鉴定，劳动功能障碍分为十个伤残等级，其中最重的为一级，最轻的为十级。生活自理障碍分为三个等级，即生活完全不能自理、生活大部分不能自理和生活部分不能自理。劳动能力鉴定的标准由国务院社会保险行政部门和国务院卫生行政部门等部门共同制定。

14 不同的伤残等级对应的待遇有什么区别?

劳动者因工致残后需要申请劳动能力鉴定以获得伤残等级评定结果。根据《工伤保险条例》第三十五条、第三十六条及第三十七条的规定，伤残等级总共分十级三大类，伤残程度逐级减轻，不同的伤残等级对应不同的工伤待遇。

劳动者被评定为一级到四级伤残的，劳动关系保留，但退出工作岗位。此时劳动者可以享受如下待遇：（1）劳动者可以从工伤保险基金中领取一次性伤残补助金，一级伤残是劳动者

27 个月的工资，二级伤残是 25 个月的工资，三级伤残是 23 个月的工资，四级伤残是 21 个月的工资。（2）劳动者可以从工伤保险基金按月领取伤残津贴，津贴的比例标准如下：一级伤残为劳动者本人工资的 90%，二级伤残为劳动者本人工资的 85%，三级伤残为劳动者本人工资的 80%，四级伤残为劳动者本人工资的 75%。如果伤残津贴实际金额低于劳动者所在地最低工资标准的，由工伤保险基金补足相应的差额。（3）工伤劳动者达到退休年龄并办理退休手续后，停发伤残津贴同时按照国家有关规定享受基本养老保险待遇。基本养老保险待遇低于伤残津贴的，由工伤保险基金补足相应的差额。（4）用人单位会以伤残津贴为基数，缴纳自身需要承担部分的基本医疗保险费。

劳动者被评为五级、六级伤残的，可以享受如下待遇：（1）发放一次性伤残补助金，发放的标准为，五级伤残是 18 个月的工资，六级伤残是 16 个月的工资。（2）劳动者保留与原用人单位的劳动关系，由用人单位安排适当工作，不能安排的，每月给予伤残津贴，津贴的比例标准为，五级伤残是劳动者工资的 70%，六级伤残是劳动者工资的 60%。用人单位按照规定为其缴纳应缴纳的各项社会保险费。伤残津贴实际金额低于当地最低工资标准的，由用人单位补足差额。（3）经工伤劳动者提出，可以解除或终止与用人单位的劳动关系，由工伤保险基金支付一次性工伤医疗补助金，用人单位支付一次性伤残就业补助金。一次性工伤医疗补助金及一次性伤残就业补助金的具体标准由劳动者所在省的省一级人民政府规定。

劳动者被评为七级到十级伤残的，由于相对而言这档伤残程度是最轻的，所以劳动者得到的一次性的伤残补助金标准为：七级伤残为13个月的工资，八级伤残为11个月的工资，九级伤残为9个月的工资，十级伤残为7个月的工资。此外，劳动者同样可以提出解除劳动合同，由工伤保险基金支付一次性工伤医疗补助金，用人单位支付一次性就业补助金。一次性工伤医疗补助金及一次性伤残就业补助金的具体标准由劳动者所在省的省一级人民政府规定。

15 成为劳动能力鉴定委员会专家需要具备哪些条件？

根据《工伤保险条例》第二十四条的规定，省级的劳动能力鉴定委员会由省级的社会保险部门、卫生行政部门、工会组织、经办机构代表还有用人单位的代表组成，而市一级的劳动能力鉴定委员会则由市级的政府部门、工会组织代表以及用人单位代表组成。由劳动能力鉴定委员会建立专家库，将符合条件的专业卫生技术人员编入专家库，其中挑选的标准有三点：（1）具有医疗卫生高级专业技术职务的任职资格；（2）了解和掌握劳动能力鉴定的有关知识；（3）有良好的职业品德，没有执业上的不良记录。满足上述三点才有可能进入劳动能力鉴定的专家库。

16 劳动能力鉴定的程序是什么?

我国法律对于劳动能力鉴定的流程有明确的规定，根据《工伤保险条例》第二十五条的规定，在鉴定过程方面，设区的市级的劳动能力鉴定委员会在收到劳动能力鉴定申请后，从医疗卫生专家库里随机抽取 3 名或者 5 名专家组成专家组，然后由专家组提出鉴定意见。之后，劳动能力鉴定委员会根据专家组的鉴定意见发布工伤职工的劳动能力鉴定结论。如果有时鉴定的难度较大，劳动能力鉴定委员会会委托有资质的医疗机构协助进行相关的诊断。在鉴定期限方面，市级劳动能力鉴定委员会应当在收到劳动能力鉴定申请之日的 60 天内作出鉴定结论，如果有特殊的情况，期限可以适当延长 30 天。劳动能力鉴定结论作出后，应及时送达申请鉴定的用人单位和劳动者本人。

17 工伤职工对劳动能力鉴定结论不服可以申请重新鉴定吗?

虽然劳动能力鉴定结论是由专业的劳动能力鉴定委员会根

据专家的鉴定意见作出的，但是难免有失误的时候，所以《工伤保险条例》第二十六条和第二十九条规定，当工伤职工对鉴定结论不服，可以申请重新鉴定，具体的流程为：若工伤职工不服市级劳动能力鉴定委员会作出的鉴定结论，可以在收到结论的15日内向省一级的劳动能力鉴定委员会提出再次鉴定的申请，省一级的劳动能力鉴定委员会一般会在得到申请之日的60日内重新作出鉴定结论，必要时作出劳动能力鉴定结论的期限可以再延长30日。该鉴定结论是最终结论，工伤职工不得对此再提出异议。

18 劳动者因工伤死亡的应当获得哪些补偿？

劳动者不幸因工伤死亡的，由其近亲属获得相应的补偿，包括丧葬补助金、供养亲属抚恤金和一次性工亡补助金。根据《工伤保险条例》第三十九条的规定，具体标准如下：（1）丧葬补助金为6个月的上年度职工月平均工资，具体标准由各地区统筹。（2）供养亲属抚恤金的发放对象为无劳动能力、靠劳动者生前提供主要生活来源的亲属。供养亲属抚恤金的金额参照劳动者的工资按比例发放且根据亲属的亲疏关系不同有所区别：配偶为劳动者月工资的40%，其他亲属为劳动者月工资的30%，孤寡老人或者孤儿每人每月在上述标准的基础上增加10%。各亲属所得的供养亲属抚恤金之和不能超过劳动者生前的工资。（3）一次性工亡补助金的标准由劳动者死亡时的上一年度全国城镇居民人均可支配收入决定，是该金额的20倍。

如果劳动者遭受工伤并非当场死亡而是在停工留薪期间由于之前的伤情恶化等原因不幸身亡，近亲属同样可以获得上述三种类型的工亡补偿。但如果是一级至四级的伤残，劳动者在停工留薪期满后死亡，近亲属无法得到一次性工亡补助金的补偿。

19　什么情形下劳动者将停止享受工伤保险待遇？

劳动者遭受工伤后可以享受工伤保险待遇，但是享受工伤保险待遇的情况不会一直持续下去，满足某些特定的条件时，劳动者将不再享受工伤保险待遇。根据《工伤保险条例》第四十二条的规定，一旦出现如下情形，劳动者将停止享受工伤保险待遇：（1）劳动者丧失了享受待遇的条件。比如，劳动者通过积极治疗劳动能力得以完全恢复而无须工伤保险制度提供保障，又或者劳动者变更国籍，出境就医终止了工伤保险关系等。（2）因工致残的劳动者拒不接受劳动能力鉴定。劳动能力鉴定是享受相应工伤保险待遇的前提，劳动者不接受劳动能力鉴定，自然无法享受工伤保险待遇。（3）劳动者拒绝接受治疗。劳动者本人都不对自己的身体状况负责，法律也就不会去保护劳动者的切身利益。

20 劳务派遣人员因工受伤，工伤保险应当由谁负责?

劳务派遣的用工形式有其特殊性，劳动者与劳务派遣单位签订劳动合同，为用工单位提供实际的劳动。这意味着劳动者与两个单位都存在工作联系。此时，劳动者若因工作遭受事故而受伤，难免会出现两个单位相互推诿责任的情况。面对这种情形，需要明确的是，劳动者与劳务派遣单位签订了劳动合同，就与劳务派遣单位建立了劳动关系，日常的工伤保险费也是劳务派遣单位负责缴纳，所以工伤保险责任理应由劳务派遣单位承担。《最高人民法院关于审理工伤保险行政案件若干问题的规定》第三条第一款第二项对此也提供了明确的法律依据，该项规定劳务派遣单位派遣的劳动者在用工单位工作期间因工伤亡的，派遣单位为承担工伤保险责任的单位。

21 “临时工”受到工伤损害时能主张工伤保险待遇吗?

“临时工”现象曾一度引起社会的广泛关注，因为一旦发生工伤事件，用人单位就称该名受害者只是“临时工”，与本单位没有劳动关系从而逃避责任。时间一长，“临时工”就被用来形容那些没有签订正式劳动合同、切身利益无法得到保障的劳动者。其实这样的说法是完全没有法律依据的，现在的就业市场也不应该存在“临时工”一说，用人单位要雇用劳动者就必须与劳动者签订劳动合同，否则将承担相应的法律责任。但法律这样规定还是难以保证所有用人单位都依法履行自身的义务，从而保障劳动者的利益。针对这种现状，劳动者应当积极捍卫自身的权利，尤其是因工受伤的情形。根据《工伤保险条例》第二条的规定，中国境内所有的用人单位都应当参加工伤保险，并为本单位全体职工缴纳工伤保险费，所有的劳动者，无论是签订劳动合同的正式工，还是没有劳动合同的所谓的“临时工”都有权享受工伤保险待遇。

22 工伤保险待遇中，用人单位要承担哪些具体的责任？

用人单位参加工伤保险，为其雇用的每个劳动者缴纳工伤保险费是其应承担的责任。用人单位在工伤保险领域的义务如下：

（1）缴纳工伤保险费。根据《工伤保险条例》第二条的规定，用人单位应当依法为其全部职工足额缴纳工伤保险费，职工个人无须缴纳工伤保险费，全部职工均有享受工伤保险待遇的权利。

（2）公示工伤保险费缴纳情况。根据《工伤保险条例》第四条的规定，用人单位应当将工伤保险费缴纳的有关情况在本单位内予以公示。同时，用人单位应当遵守安全生产和职业病防治的法律规范，为劳动者营造安全的工作环境，尽可能避免和减少工伤事故或职业病的发生。若有劳动者不幸遭受了工伤，应当采取措施帮助其得到及时的救治。

（3）申请工伤认定。根据《工伤保险条例》第十七条的规定，用人单位应当在工伤事故发生之日及时为劳动者申请工伤认定以便其顺利获得工伤保险待遇。

（4）协助申请劳动能力鉴定。根据《工伤保险条例》第二十一条的规定，若劳动者经治疗后存在残疾、影响劳动能力的情况，用人单位应当配合劳动者或其近亲属提供工伤认定决定和职工工伤医疗的有关资料以便申请劳动能力鉴定。

（5）发放工资和福利待遇。根据《工伤保险条例》第三十三条的规定，劳动者遭受工伤暂停工作接受工伤医疗的，在伤残等级鉴定评定结果出来之前，用人单位应对其作出停工留薪处理，原工资福利待遇等照常发放，停工留薪期一般不超过12个月。伤情严重或者情况特殊，经设区的市级劳动能力鉴定委员会确认，可以适当延长，但延长不得超过12个月。若工伤劳动者生活不能自理，用人单位还应负责相应的护理事宜。

（6）破产清算时优先支付工伤保险费用。根据《工伤保险条例》第四十三条的规定，若用人单位因经营不善发生破产等事宜，应当在破产资产中首先拨付应由单位支付的工伤保险费用。

23 用人单位不支付工伤保险费有什么法律后果?

工伤保险事关每个劳动者的生命健康权益，因此我国工伤保险方面的法律强制规定劳动者参加工伤保险，由用人单位为其缴纳工伤保险费。但实践中很多用人单位不履行自己的法定义务，不为劳动者缴纳工伤保险费。针对这种情况，《社会保险法》第四十一条规定，劳动者不幸遭受了工伤损害，用人单位又没有为其办理工伤保险，则原本由工伤保险基金承担的工伤保险待遇全部由用人单位负担，若用人单位拒不支付相应的费用，则由社会保险基金先行垫付，之后再向用人单位追偿。在追偿过程中如果出现用人单位不偿还费用的情况，社会保险经办机构可以根据《社会保险法》第六十三条的规定，向银行和其他金融机构查询用人单位的存款账户；若用人单位账户余额多于应当缴纳的社会保险费，社会保险费经办机构可以申请县级以上有关行政部门作出划拨社会保险费的决定并书面通知用人单位开户银行或者其他金融机构划拨社会保险费。若用人单位账户余额少于应当缴纳的社会保险费，社会保险费征收机构可以要求该用人单位提供担保，签订延期缴费协议。若用人单位未提供担保，则社会保险费征收机构可以申请人民法院扣押、查封、拍卖其价值相当于应当缴纳社会保险费的财产，以拍卖所得抵缴社会保险费。

同时，《工伤保险条例》第六十二条对用人单位不为劳动者缴纳工伤保险费的行为作出了更细致的处罚规定。其中因用人单位逾期缴纳工伤保险费需要按日加收的滞纳金比例为万分之五，不缴纳工伤保险费及滞纳金还会被处以欠缴数额一倍以上三倍以下的罚款。用人单位补缴应当缴纳的工伤保险费与滞纳金后，工伤保险基金和用人单位才能支付新发生的费用。

24 用人单位主体发生变动的，工伤保险责任由谁承担？

一个用人单位在存续期间势必会发生各种主体上的变化，可能与其他公司合并成为新的公司，也可能被分立成为两家相互独立的公司，也可能被其他公司收购，或者公司经营不善，进入破产清算等。用人单位主体发生变动后，雇用的劳动者在工作时遭受工伤，要求用人单位承担工伤保险责任的问题就有些复杂了。

根据《工伤保险条例》第四十三条的规定，用人单位若发生分立、合并、转让等变化，由承继的公司承担原用人单位的工伤保险责任。具体而言，原用人单位如果发生与其他公司合并的情况，则由合并后的新公司承担工伤保险责任。若原用人单位发生分立，则分立后劳动者隶属的用人单位应当承担工伤保险责任。若原用人单位发生被收购的情况，则由收购的公司对劳动者因工造成的损伤负责。若用人单位进入破产清算，就在破产清算时依法拨付应当由单位支付的工伤保险待遇费用。

25 劳动者因工伤产生的费用，哪些可以由工伤保险基金支付？

工伤保险基金由用人单位缴纳的工伤保险费组成。工伤保险基金的利息和依法纳入工伤保险基金的其他资金构成，可以为遭受工伤的劳动者支付因工伤产生的几乎全部的费用，具体的支付范围由《社会保险法》第三十八条规定，包含如下几类：(1) 治疗工伤的相关费用，包含医疗费用、康复费用。(2) 工伤劳动者住院期间的伙食补助费用。(3) 劳动者前往工伤统筹地区以外就医的交通食宿费。(4) 针对因工致残的劳动者安装伤残辅助器具的费用。(5) 生活不能自理的劳动者需要的生活护理费。(6) 一次性伤残补助金和针对一级至四级严重伤残的劳动者按月发放的伤残津贴。(7) 遭受工伤的劳动者解除与用人单位的劳动合同时应得的一次性医疗补助金。(8) 因工死亡的劳动者的近亲属获得的丧葬补助金、抚恤金、死亡补助金。(9)伤残劳动者进行劳动能力鉴定的鉴定费。

26 治疗工伤的医疗费用都可以由工伤保险基金支付吗?

劳动者受到工伤后可以享受工伤医疗待遇。但是根据《工伤保险条例》第三十条的规定，并不是所有的医疗费用都可以由工伤保险基金支付，必须满足一定的条件：(1)劳动者治疗工伤的机构必须是签订服务协议的指定医疗机构，但在紧急情况下可以先到就近的医疗机构急救。(2)治疗工伤的费用有一定的限制，必须符合国务院社会保险行政部门与卫生行政部门、食品药品监管部门等部门拟定的清单或标准，包括工伤保险诊疗项目目录、工伤保险药品目录及工伤保险住院服务标准。(3)治疗工伤的费用还包括住院期间的伙食补助费，转院等情况下的交通、食宿费用，这些费用应当由医疗机构开具证明，报经办机构批准后，才可以从工伤保险基金中支出。

27 劳动者发生工伤时，哪些费用应由用人单位支付?

工伤保险基金可以为因工负伤的劳动者支付几乎所有治疗工伤的费用，但是部分费用按照法律规定仍应当由用人单位向劳动者支付。根据《社会保险法》第三十九条的规定，下列几种费用由用人单位向劳动者支付：（1）劳动者治疗工伤期间的工资福利由用人单位正常支付。支付薪酬福利原本是用人单位的职责，工伤保险基金只负责与工伤有关的费用支付。（2）劳动者因工致残，且劳动能力鉴定的结论为五级或六级伤残，则按照法律规定每月的伤残津贴由用人单位支付。（3）劳动者由于工伤不能继续从事有关工作，双方终止或解除了原有的劳动合同，则劳动者应当享受的一次性伤残就业补助金由用人单位支付。

28　劳动者工作时被同事所伤，应如何维护自身的权益？

情景再现

小肖在一家建设公司就职，负责在工地现场搬运建筑材料。一次在现场工作时，一名操作挖土机的工人注意力不集中，没有发现突然出现的小肖，挖土机轧到了小肖的右脚造成粉碎性骨折，小肖住院后光是手术费、住院费等前期治疗费就花费了十几万元，而且医生说这种程度的损伤以后只能依靠轮椅生活。作为一个贫困家庭里的唯一劳动力，庞大的医疗费用已经让小肖喘不过气，这样的消息无疑更是雪上加霜。他毅然决定运用法律手段来维护自身的权益。但是只有初中文化的他对此一筹莫展，也不知该向谁求助。所幸的是他隔壁床病友的亲戚中有人从事律师职业，很快为他提供了专业的维权建议。

法律分析

小肖在工作时间、工作地点因为从事工作受到了损害，这是可以被认定为工伤的典型情形，其应当及时申请工伤认定与劳动能力鉴定。同时，由于小肖是被自己的同事即用人单位的工作人员所伤，根据《民法典》第一千一百九十一条第一款的规定，用人单位的工作人员因执行工作任务造成的侵权损害由用人单位承担赔偿责任，因此小肖可以向用人单位要求赔偿自己所有的损失。由于此次损害也可以看作工伤，这点具有特殊性，根据《社会保险法》第四十二条的规定，当用人单位拒绝赔偿或者没有能力赔偿小肖所受到的损失时，小肖可以请求工伤保险基金先行支付相关的费用，之后再由工伤保险基金向用人单位追偿该笔费用。

29 《工伤保险条例》赋予了劳动者和用人单位哪些权利？

我国工伤保险方面的法律历来重视对工伤劳动者或用人单位权益的保护，赋予了劳动者和用人单位提起行政复议与行政诉讼的权利。根据《工伤保险条例》第五十五条的规定，劳动者和用人单位遭遇如下情形时可以运用这项权利：（1）工伤认定机构对劳动者的工伤认定申请不予受理，劳动者或者其近亲属对此决定不服的可以提起行政复议或者向法院起诉工伤认定机构。（2）工伤认定机构受理工伤认定申请后，经过审查对劳动者是否构成工伤作出结论，劳动者或其近亲属对此结论不服的可以提起行政复议或者向法院起诉。（3）工伤保险费由用人单位缴纳，而缴纳的费率由工伤保险经办机构确定，用人单位对工伤保险经办机构确定的费率不服的可以提起行政复议或者行政诉讼。（4）工伤保险经办机构对工伤劳动者的情况进行核定，最终确定其能享受的工伤保险待遇。劳动者或其近亲属对工伤保险待遇持有异议的，可以向上级工伤保险行政部门提起行政复议或者向法院提起行政诉讼。

30　工伤认定机构的工作人员应避免哪些违法行为？

工伤认定机构的工作人员在日常工作中要保持勤勉与尽责。根据《工伤保险条例》第五十七条的规定，法律明确规定的违法行为有如下几种：（1）工伤认定机构的工作人员无正当理由不受理劳动者的工伤认定申请。受理劳动者的工伤认定申请是工伤认定机构的法定义务，工伤认定机构的工作人员无故不受理有渎职的嫌疑。（2）工作人员弄虚作假，将不符合条件的劳动者认定为工伤劳动者。这种情况下，工作人员有滥用职权的嫌疑。（3）工伤认定机构的工作人员没有尽到谨慎勤勉的义务，未妥善保管工伤认定的证据材料导致证据灭失。这种情形下，工作人员有玩忽职守的嫌疑。（4）工伤认定机构的工作人员出于某种目的收受当事人的财物。这种情形下，工作人员有贪污的嫌疑。当工伤认定机构的工作人员有上述违法行为时，有关行政部门将对涉事的工作人员给予行政处分，若情节严重到犯罪的程度，则会追究其刑事责任。

31 工伤保险经办机构应避免哪些违法行为？

根据《工伤保险条例》第五十八条的规定，工伤保险经办机构的违法行为有如下几种：（1）没有按照法律规定保存用人单位缴纳的工伤保险费以及劳动者享受工伤保险待遇的情况记录。（2）没有按照法律规定核查评定劳动者的工伤保险待遇。（3）出于某种目的收受当事人的财物。法律对工伤认定机构的工作人员有行为限制，对于工伤保险经办机构的权力同样有所限制。工伤保险经办机构有上述违法行为的，上级社会保险行政部门应责令其改正，并要求赔偿因其行为造成的当事人的经济损失，对直接负责的主管人员和其他责任人员则给予纪律处分；情节严重的，主管人员或其他责任人还应被追究刑事责任。

32 劳动能力鉴定的组织和个人应避免哪些违法行为?

在工伤保险理赔的案件中，劳动能力鉴定是非常重要的一环，因为鉴定结论直接关系到劳动者是否能获得以及获得何种程度的工伤保险待遇。根据《工伤保险条例》第六十一条的规定，劳动能力鉴定组织及其工作人员的违法行为有如下几种：(1) 劳动能力鉴定组织及其工作人员提供了虚假的鉴定意见；(2) 劳动能力鉴定组织或者工作人员提供虚假的诊断证明；(3) 劳动能力鉴定的工作人员出于某种目的收受当事人的财物。我国工伤保险方面的法律对于劳动能力鉴定的组织及其工作人员的行为有所限制。若劳动能力鉴定组织及其工作人员作出上述违法行为，社会保险行政部门会责令其改正，并处以 2000 元以上 1 万元以下的罚款。如果其行为触犯了刑法而构成犯罪，还会被追究刑事责任。

第三节　养老保险

1　养老保险费具体由谁缴纳?

根据《社会保险法》第十条的规定，所有劳动者都应当参加基本养老保险，养老保险费的缴纳应按照不同的情况分别考虑：(1) 养老保险费由劳动者个人与其就职的用人单位共同缴纳。(2) 对于无雇工的个体工商户、未在用人单位参加基本养老保险的非全日制从业人员或其他灵活就业的劳动者，他们的养老保险费由其个人缴纳。(3) 对于国家的公务员及参照公务员管理的劳动者，他们的养老保险费缴纳的具体方式由国务院规定。

2　基本养老保险基金由哪几个部分组成?

根据我国法律的规定，通常情况下劳动者与其就职的用人单位要共同缴纳养老保险费，这些养老保险费形成了统一的养老保险基金。但养老保险基金不单单由劳动者与其用人单位共同缴纳的养老保险费组成，根据《社会保险法》第十一条的规定，我国的养老保险基金实行社会统筹和劳动者个人账户相结合的形式，主要由如下几个部分组成：（1）用人单位为劳动者缴纳的养老保险费。（2）劳动者个人按照月工资的一定比例缴纳的养老保险费。（3）满足特定条件下，政府给予劳动者的特殊补贴。

3 基本养老金由哪些因素确定?

根据《社会保险法》第十五条的规定，基本养老金由统筹养老金和个人账户养老金共同组成，其确定因素也不是单一的，需综合考虑如下几个方面的因素：（1）劳动者个人的累计缴费年限，个人累计缴费年限越高，基本养老金数额越高。（2）劳动者个人的工资标准。劳动者个人作为缴费基数的工资越高，基本养老金数额自然越高。（3）劳动者所在地的劳动者平均工资。地区劳动者的平均工资越高，养老保险金的数额就越高。（4）个人养老账户中的金额。个人账户金额越高，基本养老金的数额就越高。（5）城镇人口的平均预期寿命。城镇人口平均预期寿命越长，基本养老金的数额就越高。诚然，基本养老金的影响因素是动态变化的，因此根据《社会保险法》第十八条的规定，我国建立了基本养老保险金的正常调整机制，随着劳动者平均工资的增长，或者随着社会物价的不断增长，基本养老保险待遇水平也会一同增长，以期与物价水平及劳动者的工资水平相匹配。

4 自由职业的劳动者可以参加养老保险吗？

情景再现

小铭大学毕业后没有跟同龄人一样紧张地投入朝九晚五的上班一族之中。大学主攻摄影的他从小就喜欢东奔西走，到处拍摄美景的同时用文字记录当时的心情。于是毕业后，他不顾万千劝阻，毅然成为一名旅行作家，致力于用镜头和文字记录沿途的风土人情。小铭的父母一直反对孩子从事这项职业，认为既要风餐露宿又朝不保夕，最重要的是年轻时尚可，若年纪大了又没有其他有稳定工作的人一样的养老金支撑生活，晚年岂不是会极为悲凉。于是二老拨通了当地社保行政部门的电话，想咨询自由职业者是否可以像有稳定工作的劳动者一样建立养老保险账户并缴纳养老保险。

法律分析

我国的养老保险制度是为了保障年老公民在退休后的基本生活而设立的，法律规定养老保险费用由用人单位与劳动者共同支付，且用人单位承担其中的大部分，劳动者个人承担一小部分。对于自由职业的劳动者如作家、画家、设计师等而言，他们也可以参加养老保险。根据《社会保险法》第十条的规定，自由职业的劳动者同样可以参加养老保险，只不过养老保险费须全额由劳动者个人承担，分别进入社会统筹账户与个人账户。

5 劳动者可以提前支取个人账户中的养老保险金吗?

养老保险基金个人账户中的余额是归劳动者个人所有的，与存入银行的个人账户的存款有类似之处，相较于银行存款，个人养老保险账户的优势在于记账利率不会低于银行定期存款利率且免征收利息税。但是与银行存款相比的劣势也非常明显，根据《社会保险法》第十四条的规定，一般情况下，个人账户的养老保险金余额不能提前支取，劳动者必须满足达到法定退休年龄等条件才能取用。之所以说一般情况，是因为有种特殊的情况可以让劳动者提前支取个人账户中的养老保险金。根据《实施〈中华人民共和国社会保险法〉若干规定》第六条的规定，当劳动者个人在达到法定领取养老保险待遇的条件之前离境定居并变更国籍时，该名劳动者可以申请终止个人职工基本养老保险关系，作为社会保险金一部分的养老保险金同样可以一次性支付给该名离境定居同时变更国籍的劳动者。

6 劳动者达到法定退休年龄就可以顺利领取到养老保险吗?

劳动者需要达到法定退休年龄才能领取养老保险，这是普遍的认知。的确，这是领取养老保险的其中一个条件，然而根据《社会保险法》第十六条的规定，另一个鲜为人知的条件是劳动者退休时须已累计缴纳养老保险费满15年。退休的劳动者只有满足上述两个条件才能按月领取养老保险金。

累计缴纳养老保险费满15年这个要求使相当一部分劳动者陷入退休时无法领取养老金保障生活的窘境。但幸好法律在督促所有劳动者积极缴纳养老保险费为未来做打算的同时也为那些因为特殊情况没有缴满15年养老保险金就退休的劳动者留了“一线生机”。根据《实施〈中华人民共和国社会保险法〉若干规定》第二条、第三条的规定，参加职工基本养老保险的劳动者达到法定退休年龄时累计缴费不足15年的，可以选择继续缴费至满足15年的要求，按照以往的模式逐月缴纳或者一次性缴纳均可，之后便可正常领取养老保险金。同时，劳动者也可以选择转入新型农村社会养老保险或者城镇居民社会养老保险，按照国务院规定享受相应的养老保险待遇，但这与之前通常的养老保险有所区分。

此外，劳动者还有第三个选择，在既不继续缴纳养老保险金也不参与新型农村社会养老保险或城镇居民社会养老保险的情况下，可以书面向社会保险经办机构申请终止基本养老保险关系。社会保险经办机构应当书面告知劳动者转入新型农村社会养老保险或者城镇居民社会养老保险的权利以及终止职工基本养老保险关系的后果，经本人书面确认终止后可由经办机构将劳动者个人账户的储存额一次性支付给本人。

7 劳动者退休前不幸去世，账户内的养老保险金如何处理?

情景再现

赵大爷几十年如一日地在一家公司做内勤工作，勤勤恳恳地工作了大半辈子，眼看就要盼到退休，可以拿着账户内的养老保险金颐养天年了。然而天有不测风云，赵大爷在一次上下楼梯时滑倒，从楼梯上摔下，不幸离世。赵大爷的亲属悲痛之余开始料理他的后事，他们找到公司所在地的社会保险行政部门咨询赵大爷账户内的养老保险金该怎么处理。

法律分析

根据《社会保险法》第十五条以及第十七条的规定，劳动者缴纳的养老保险费分别进入两个不同的账户，一个是社会统筹养老金账户，另一个是个人账户。劳动者因病或非因工去世，或者在未达到法定退休年龄前因病或非因工致残完全丧失劳动能力的，账户内的养老保险金将用于支付死亡劳动者近亲属的丧葬补助金、抚恤金或病残津贴。同时，《实施〈中华人民共和国社会保险法〉若干规定》第六条规定，个人账户内的养老保险金在劳动者去世后可以全部依法继承。因此，赵大爷个人账户内的养老金将用于支付丧葬补助金和抚恤金，同时剩余的部分将作为赵大爷的遗产被依法继承。

8 劳动者离境定居的，养老保险金可以提前领取吗？

我国的养老保险制度规定劳动者个人账户中的养老保险金不得提前领取，即使劳动者离境定居的情况也不例外。劳动者离境定居但未达到法定的养老保险领取条件的，其个人账户予以保留，等劳动者达到法定领取条件时才能享受相应的养老保险待遇。但是在极个别的特殊情况下，如劳动者离境定居，同时变更个人国籍，这意味着其不再是我国法律意义上的劳动者。根据《实施〈中华人民共和国社会保险法〉若干规定》第六条的规定，这类劳动者可以在离境时或者离境后向社会保险经办机构书面申请终止养老保险关系，社会保险经办机构在收到书面申请后应当书面告知其保留个人账户的权利以及终止基本养老保险关系的法律后果，经劳动者书面确认终止养老保险关系，社会保险经办机构应将其个人账户中的储存额一次性支付给本人。

9 劳动者跨省就业，养老保险缴费年限如何计算?

现在就业市场上，劳动力区域流动的现象非常普遍，有的劳动者为了追求更好的就业机会甚至会离开原省，前往新的省份重新开始工作。我国法律为了保护该部分劳动者的切身利益，根据《社会保险法》第十九条的规定，劳动者跨统筹地区就业的，即通常意义上的跨省流动就业，基本养老保险关系随其本人发生转移，同时缴费的年限应累计计算。

10 劳动者跨省就业，养老保险金如何转移?

劳动者跨省流动就业时，基本养老保险关系会随其本人发生转移。根据《城镇企业职工基本养老保险关系转移接续暂行办法》第四条的规定，养老保险金的转移要分以下两种情况处理：(1) 针对劳动者个人账户中的资金，该部分金额的转移若发生在 1998 年 1 月 1 日之前，则按照个人缴费累计本息计算转移；若转移发生在 1998 年 1 月 1 日后，则按照计入个人账户的全部储存额计算转移。（2）针对统筹账户中的资金，该部分金额以劳动者1998年1月1日后各年度实际缴费工资为基数，按照12%的总和转移，对于那些参加养老保险不足一年的劳动者，就按照实际缴费的月数计算转移。

11 劳动者跨统筹地区就业，养老保险转移如何办理？

根据《城镇企业职工基本养老保险关系转移接续暂行办法》第五条的规定，劳动者跨省流动就业，从一个省到另一个省就业，不同的情况下，养老保险关系的转移方式也不尽相同，主要有如下三种方式：

（1）劳动者若是返回自己的户籍所在地从事新的工作并参加养老保险，由户籍所在地的社会保险经办机构及时为其办理转移接续手续。

（2）劳动者若是没有返回户籍所在地重新就业参加社会保险，由其新参保地区的社会保险经办机构为其及时办理转移接续手续。但是对于年满50周岁的男性劳动者和年满40周岁的女性劳动者，应当将基本养老保险关系继续保留在原参保地，同时在新参保地建立临时的基本养老保险缴费账户，并在该临时账户里记录用人单位为其缴纳部分和个人缴纳部分。当上述劳动者再次跨省流动就业或在新参保地达到养老保险待遇领取的条件时，就可以将临时缴费账户的全部缴费本息转移归集到原参保地或者待遇领取地。

（3）劳动者若是经县级以上的党委组织部门、人力资源社会保障行政部门的批准跨省调动就业，同时与调入单位建立劳动关系并缴纳基本养老保险，可以不受上述年龄规定的限制，应在调入地及时办理基本养老保险关系的转移和接续手续。

12 劳动者转移养老保险关系的具体流程是怎样的？

劳动者跨省就业时应按照规定转移养老保险关系，转移养老保险关系的具体流程在《城镇企业职工基本养老保险关系转移接续暂行办法》第八条中有明确的规定，主要有如下流程：（1）劳动者在新地区重新就业后应当建立基本养老保险关系并正常缴纳养老保险费用，新的用人单位或者劳动者本人可以向新工作地的社会保险经办机构提出基本养老保险关系转移的书面申请。（2）新工作地的社会保险经办机构在 15 个工作日内审核转移接续的书面申请，书面申请若符合转移的规定条件，就向劳动者原基本养老保险关系所在地的社会保险经办机构发出同意接收函，并提供相关信息；若用人单位或劳动者的书面申请不符合转移接续的条件，经办机构应向申请的用人单位或劳动者本人作出书面说明。（3）劳动者原基本养老保险关系所在地的社会保险经办机构应在接到同意接收函的15个工作日内，办理好转移交接的各项手续。（4）劳动者新工作地的社会保险经办机构在收到劳动者原基本养老保险关系所在地的社会保险经办机构转移的基本养老保险关系和资金后，应在15个工作日内办结相关手续，并将确认情况及时通知劳动者所在的用人单位或劳动者本人，此时基本养老保险关系的转移接续流程才算正式结束。

13 农民工中断就业或返乡时，基本养老保险关系会终止吗？

根据《城镇企业职工基本养老保险关系转移接续暂行办法》第九条的规定，农民工中断就业或者因为返乡没有继续缴纳养老保险费的，由原参保地的社会保险经办机构保留其基本养老保险关系，同时保存其全部缴费记录和个人账户中的资金并且继续按规定计息。

当农民工重新返回城镇开始就业并继续缴纳养老保险费用时，养老保险的年限是累积计算的，同时无论其返回原参保地还是到其他城镇就业，个人账户中的存储额都会合并计算。如果劳动者符合基本养老保险的领取条件，可与城镇职工同样享受基本养老保险待遇。如果农民工不再返回城镇就业，其在城镇的参保缴费记录和个人账户仍然全部有效，该个人账户中的资金会根据农民工的实际情况，在其达到规定的领取条件时享受城镇职工基本养老保险待遇，或转入新型农村社会养老保险。至于农民工在城镇参加企业职工基本养老保险与在农村参加新型农村社会养老保险之间的衔接政策，由有关部门另行研究制定。

第四节 失业保险

1 失业保险基金由哪几部分组成？

失业保险基金并不像通常认为的那样仅仅由用人单位和劳动者每月共同缴纳的失业保险费构成，事实上失业保险基金还有其他的组成部分。根据《失业保险条例》第五条的规定，失业保险基金由如下几个部分组成：（1）城镇企业事业单位，如国有企业、城镇集体企业、外商投资企业、城镇私营企业等缴纳的失业保险费以及在城镇企业事业单位就职的劳动者缴纳的失业保险费。（2）失业保险基金自然产生的利息。（3）根据有关政策由政府提供的财政补贴。（4）依法纳入失业保险基金的其他资金。

2 失业保险调剂金有什么作用？

根据《失业保险条例》第八条的规定，失业保险调剂金是省一级政府部门以统筹地区依法应当征收的失业保险费为基数，按照省级政府发布的征收比例筹集后统一使用的一笔资金，主要作用是作为对失业保险基金不敷使用的统筹地区的补助和支持资金。一般情况下，失业保险基金的储备足以应对统筹地区个别待业劳动者短暂需要救济的情况。但是一些省、自治区所属的统筹地区由于发生自然灾害或疫情，企业大规模经济性裁员，导致失业人员骤增，失业保险基金一时支出过多以致失业保险基金面临入不敷出的困境，此时就要调动省级失业保险调剂金对统筹地区的失业保险基金给予补充，帮助发生困难的统筹地区解决资金不足的问题。

3 失业保险基金用于哪些支出?

我国建立失业保险基金并不单单是为了帮助那些失业的劳动者，根据《失业保险条例》第十条的规定，失业保险基金的用途非常广泛，通常用于如下支出：（1）用于失业保险金，救助失业的劳动者。（2）用于医疗补助金，让失业人员在待业期间获得医疗支持。（3）用于失业人员在待业期间不幸死亡时的丧葬补助金及其供养的配偶、直系亲属的抚恤金。（4）用于失业人员在待业期间接受职业培训或者参加有关的职业介绍的补贴。补贴具体的领取办法和相应的标准由省一级的人民政府制定。（5）用于其他与失业保险有关的支出，此类支出由国务院作出具体的规定和批准。

4 劳动者主动放弃就业，能领取失业保险金吗?

情景再现

莱莱是一名今年刚毕业的大学生，初入职场的她怀着满腔热情，高学历、高颜值的她作为一名新人入职第一年就开始在公司崭露头角，受到同事领导的喜爱，业务能力也是节节攀升。但是同事中有人对莱莱心存嫉妒，处处刁难并给她“穿小鞋”，生性单纯的她不久就患上了抑郁症，被迫离开了公司。此事过后她就想停止工作一段时间，但是没有收入来源就没法保障基本生活，于是她找到了当地的社会保险行政部门了解失业保险金的领取条件。

法律分析

国家建立失业保险制度是为了防止那些未达到法定退休年龄的劳动者下岗失业后无收入来源，难以维持自身基本生活的情况。但是社会不会怜悯那些因主观原因放弃就业，不用自己的双手创造价值的“闲人”，所以失业保险金的领取是有限制条件的。依据《社会保险法》第四十五条的规定，满足以下条件的可以领取失业保险费：（1）失业前用人单位与劳动者已经缴纳失业保险费满一年；（2）劳动者的失业是非本人意愿造成的，因主观原因放弃就业显然被排除在能够领取失业保险费的名单之外；（3）劳动者进行了失业登记，并有求职要求的。因此，莱莱主动放弃就业意向是不能获得失业保险金的。

5　劳动者非本人意愿中断就业具体指哪几种情况？

劳动者主观上放弃就业则无法领取失业保险金，换句话说，只有在非出于本人意愿而无法就业的情况下才能获得社会的救济。根据《实施〈中华人民共和国社会保险法〉若干规定》第十三条的规定，非本人意愿中断就业指的是如下几种具体情形：（1）劳动者与用人单位的劳动合同终止，且终止的原因是《劳动合同法》第四十四条第一项、第四项、第五项规定的劳动合同期满、用人单位经营不善而被依法宣告破产或用人单位因违法而被吊销营业执照、责令关闭、撤销或用人单位决定提前解散。（2）用人单位主动与劳动者解除劳动合同，且解除的原因是《劳动合同法》第三十九条、第四十条、第四十一条规定的过失性辞退、无过失性辞退、经济性裁员。（3）用人单位根据《劳动合同法》第三十六条的规定与劳动者协商一致解除劳动合同。这种情形虽然是协商一致，但考虑到用人单位占据主动权，所以将中断就业的原因归于非劳动者本人的意愿。（4）劳动者被用人单位辞退、除名、开除等。

(5) 劳动者主动提出解除劳动合同，但是属于依照《劳动合同法》第三十八条的规定由于用人单位的原因“被迫”提出，如用人单位存在不足额支付劳动报酬、不缴纳社会保险、不保障劳动者的工作条件和环境等一系列损害劳动者切身利益的行为。
(6) 法律、法规、规章规定的应当认为是非劳动者本人的意愿中断就业的其他情形。

6 领取失业保险金的期限应按什么标准计算?

根据《社会保险法》第四十六条和第四十七条的规定，失业保险金领取的期限与劳动者缴纳失业保险费的年限相关。失业前劳动者缴纳保险金满 1 年不足 5 年的，领取保险金的期限最长为 12 个月；缴纳保险费满 5 年不足 10 年的，领取的最长期限增加至 18 个月；缴纳保险金超过 10 年的，领取的最长期限就放宽至 24 个月。但是，若劳动者领取了失业保险金，重新就业后再次失业，之前的缴费年限将被清零，即重新开始计算而不得叠加。根据《实施〈中华人民共和国社会保险法〉若干规定》第十四条的规定，由于失业人员当期不符合失业保险金的领取条件，如缴费不满 1 年，则原有缴费时间予以保留，重新就业并缴纳保险费的，缴费年限累计计算。换句话说，劳动者之前尚未领取的失业保险金可以合并计算，领取的期限总数不得超过24个月。劳动者每个月可领取的失业保险金数额，各省采用不同的标准，与当地的消费水平、劳动者平均收入水平等因素有关，但不低于城市居民的最低生活保障标准。

7 失业的劳动者在什么情况下不得领取失业保险金及享受相关失业保险待遇?

劳动者领取失业保险金不但有数额上的限制，而且还有其他限制性条件。根据《社会保险法》第五十一条的规定，在如下情况下，劳动者停止领取失业保险金，并同时停止享受其他失业保险待遇：(1) 劳动者失业后重新就业的，停止领取失业保险金。(2) 劳动者在失业期间被应征服兵役，可以理解为重新就业，就不能再领取保险金了。(3) 劳动者移居境外的不能领取失业保险，因为仅中国境内的公民可以享受我国失业保险待遇。(4) 劳动者在失业期间领取养老保险待遇的，这意味着劳动者无须再就业，理论上也没有再就业的可能性，故不再发放失业保险金。(5) 劳动者无正当理由拒不接受当地政府或其他机构提供的就业机会或培训的，即所谓的“不思进取”，法律自然也就不会救助这类人。

8 劳动保障行政部门管理失业保险工作时应当履行哪些职责?

我国的各级失业保险工作由相对应级别的劳动保障行政部门实施管理。国务院劳动保障行政部门主管全国的失业保险工作。县级以上地方各级人民政府劳动保障行政部门主管本行政区域内的失业保险工作。劳动保障行政部门在管理失业保险工作时应当履行的具体职责由《失业保险条例》第二十四条明确规定，包含如下几点：（1）各级劳动保障行政部门应当遵守并且贯彻实施失业保险相关的法律、法规。（2）各级劳动保险行政部门应当按照国务院的规定设立失业保险业务的经办机构来经手各类集体的失业保险工作，同时还应当指导其承办失业保险的各项工作。（3）劳动保障行政部门应当监督检查经办机构具体经办的失业保险费的征收工作以及失业保险待遇的支付情况。

9 社会保险经办机构承办失业保险工作时应当履行哪些职责?

社会保险经办机构作为失业保险工作的具体承办机构，根据《失业保险条例》第二十五条的规定，应当履行以下职责：

(1) 完成对失业人员基本信息的登记、失业情况的调查以及区域失业人数的统计。(2) 对失业保险基金进行日常的管理。(3) 对失业人员申请的失业保险待遇进行核定，并向合格的失业人员开具在指定银行能领取失业保险金和其他补助金的单证。(4) 按照规定拨付失业人员在待业期间参加职业培训或者职业介绍的补贴费用。(5) 为失业人员免费提供与就业相关的咨询服务。(6) 认真履行国家规定的其他具体职责。

10　经办失业保险的工作人员违法的，会受到什么处罚？

失业保险基金是为了救济处于待业阶段的失业人员，法律对失业保险待遇的领取有严格的界定与核定标准，经办失业保险的工作人员应当严格遵守有关规定。根据《失业保险条例》第二十九条和第三十条的规定，若工作人员违反规定向失业人员开具领取失业保险金或享受其他失业保险待遇的单证，导致失业保险基金损失的，该部分的损失应由劳动保障行政部门责令追回，情节严重的，有关工作人员应受行政处分。除此之外，若工作人员有徇私舞弊、玩忽职守的行为或者滥用自己经办失业保险的职权造成失业保险基金损失的，劳动保障行政部门同样应当介入，追回该部分损失；情节严重的，涉事的工作人员会被处以行政处分；若是严重到已经构成犯罪，则应依法追究其刑事责任。

11 骗取失业保险待遇会受到什么处罚?

我国建立失业保险制度主要是为了帮助处于待业期间的失业人员，绝非个别失业人员不劳而获的途径。因此，法律对享受失业保险待遇设定了严格的条件，对不符合领取条件而通过违法手段取得失业保险待遇的失业人员规定了严厉的处罚措施。根据《失业保险条例》第二十八条的规定，依照规定不能享受失业保险待遇的失业人员骗取失业保险待遇如失业保险金的，由社会保险经办机构责令退还，若是违法情节严重还将由劳动保障行政部门处以骗取金额一倍以上三倍以下的罚款。

12 挪用失业保险基金会有什么法律后果?

失业保险基金事关劳动就业市场的稳定，属于社会公共利益，因此我国法律规定任何单位和个人都不得挪用失业保险基金。对此《失业保险条例》第三十一条有明确规定，该条同时强调了挪用失业保险基金将承担的法律后果。无论是失业保险经办机构还是失业保险经办机构的工作人员都不得违反规定挪用失业保险基金，失业保险基金一旦被单位或个人挪用，有关部门应当第一时间将失业保险基金追回。单位或个人将失业保险基金用于投资等行为产生的违法所得应被并入失业保险基金。有关部门还将给予对单位直接负责的主管人员和其他负责人行政处分。若情节严重到构成犯罪，有关部门应配合司法机关依法追究涉事人员的刑事责任。

第五节　医疗保险

1　城镇居民医疗保险基金都是由个人缴费构成的吗?

根据《社会保险法》第二十五条的规定，我国城镇居民医疗保险基金并非仅仅由居民个人缴纳费用构成，而是实行个人缴费与政府补贴相结合的方式。通常情况下，由劳动者本人依据个人工资收入的基数，按照一定的比例缴纳基本医疗保险费。可以享受政府补贴的城镇居民包括如下几类：（1）享受最低生活保障的居民；（2）丧失劳动能力的残疾人；（3）低收入家庭中 60 周岁以上的老年人和未成年人等需要个人缴纳基本医疗保险金的。

2　劳动者如何参加基本医疗保险?

为了保障劳动者的生命安全与健康，我国法律规定所有的劳动者都应当参加基本医疗保险。劳动者参加基本医疗保险的方式同参加基本养老保险的方式相似，需要视劳动者不同的情况区分对待。《社会保险法》第二十三条对此进行了详细的规定。对于那些就职于固定用人单位的劳动者而言，由用人单位和劳动者按照国家规定按比例共同缴纳基本医疗保险费，参加基本医疗保险，这也是大部分劳动者参加基本医疗保险的方式。另外一种情况是，无雇工的个体工商户、未在用人单位参加职工基本医疗保险的非全日制从业人员以及其他灵活就业人员，也可以参加劳动者基本医疗保险，但应由个人按照国家规定缴纳基本医疗保险费。

3　劳动者退休就能享受基本医疗保险待遇吗？

劳动者每个月缴纳基本医疗保险费到个人账户是为了退休后在没有收入的情况下还能继续享受医疗保险待遇。但是，并非所有的劳动者退休后都能立刻享受基本医疗保险待遇。根据《社会保险法》第二十七条的规定，劳动者达到法定退休年龄时累计缴费达到国家规定年限的，退休后才不用继续缴纳基本医疗保险费而享受基本医疗保险待遇，而那些未达到国家规定年限的劳动者，可以缴费至规定年限后享受医疗保险待遇。同时，根据《实施〈中华人民共和国社会保险法〉若干规定》第七条的有关规定，基本医疗保险的缴费年限按照各地规定执行，没有统一的标准。

4 哪些医疗费用可以从基本医疗保险基金支付?

劳动者参加基本医疗保险后，医疗费用可以由基本医疗保险基金支付，就是通常所说的“医保报销”。但是并不是所有的医疗费用都可以由基本医疗保险基金支付，我国法律对此有明确的规定。根据《社会保险法》第二十八条和《实施〈中华人民共和国社会保险法〉若干规定》第八条规定，下列情况下的医疗费用可以“报销”：(1) 劳动者在协议医疗机构就医，产生的医疗费用是用于购买药品，且药品符合基本医疗保险药品目录。(2) 劳动者在协议医疗机构就医，就医的费用符合诊疗项目、医疗服务设施标准。(3) 劳动者的医疗费用是用于急诊或者抢救时，即使在非协议医疗机构就医，抢救使用的药品不符合基本医疗保险药品目录，部分情况下依然可以从基本医疗保险基金支付，该部分的具体情况由统筹地区的医保行政部门根据当地实际情形规定。

5 劳动者所有的医疗费用都能通过基本医疗保险基金“报销”吗?

为了减轻昂贵的医疗费用给广大劳动者带来的巨大压力，

法律规定劳动者都应当参加基本医疗保险，由用人单位为劳动者缴纳基本医疗保险费，同时劳动者自身也负担一部分基本医疗保险费。但即使有医疗保险，也并非所有的医疗支出都能通过医疗保险基金“报销”。

根据《社会保险法》第三十条的规定，以下几种情形不在“报销”的范围内：（1）医疗费用已经由工伤保险基金支付，医疗保险基金就不会重复支付，也不能变现支付给劳动者。（2）劳动者受伤是由于第三人加害导致的，按照法律的规定在第三人负全责的情况下应当由加害人负担全部的医疗费用，这种情况下医疗保险基金一般也是不会支付相应的费用的。但是存在例外情形，如果第三人不支付或者无法确定第三人，医疗保险基金可以先行垫付，之后向第三人追偿该部分费用。这种情况在交通事故中较为常见，肇事者全责但是逃逸了，受害人可以凭借交通管理部门出具的交通事故责任认定书向社会保险行政部门“报销”医疗费用，之后社保部门向第三人追偿。（3）劳动者的医疗费用已经由公共卫生负担，医疗保险基金也就无须支付了。（4）劳动者在境外就医的，医疗保险基金也不予“报销”。

6 劳动者跨地区就业的，基本医疗保险缴费年限如何计算？

劳动者发生跨地区流动就业的情况在如今并不罕见。我国法律为了保护流动就业劳动者的权益，在《社会保险法》第三十二条和《实施〈中华人民共和国社会保险法〉若干规定》第七条同时规定了劳动者跨地区就业时超出了统筹范围的，基本医疗保险的处理方式类似于基本养老保险，基本医疗保险关系会随劳动者进行转移接续，基本医疗保险的缴费年限进行累计计算。

第六节　生育保险

1　生育保险费是用人单位专门为女性劳动者缴纳的吗？

生育保险待遇是为了保障女性生育下一代的合法利益，但是如果认为生育保险费仅仅是用人单位为女性劳动者缴纳的，那就大错特错了。根据《社会保险法》第五十四条的规定，用人单位缴纳生育保险费的，其职工享受生育保险待遇，同时职工未就业的配偶可按照国家规定享受生育医疗费用，该笔费用从生育保险基金中支付。由此可见，生育保险费并非用人单位专门为女性劳动者缴纳的。理论上来说，用人单位也可以为男性劳动者缴纳生育保险费，以保障其配偶的生育权益。但实践中，大多数用人单位都不会这样做，由此才形成生育保险费只是用人单位为女性劳动者缴纳的错误认识。

2　生育保险待遇具体分为哪些部分？

法律对生育保险待遇有明确规定，根据《社会保险法》第五十四条的规定，生育保险待遇分为两个部分：生育医疗费用和生育津贴。根据该法第五十五条的规定，生育医疗费用包含因生育下一代而支出的各项医疗费用，为了响应国家计划生育政策而支付的医疗费用，以及法律、法规规定的其他项目费用。根据该法第五十六条的规定，生育津贴的领取需要满足相应的情形，如女性劳动者因生育而享受产假的，或者做完生育手术休假的，以及法律、法规规定的其他情形。生育津贴的标准按照劳动者所在用人单位上一年度所有职工月平均工资计算，没有全国统一规定标准。

3 生育保险费的缴纳比例如何确定?

根据《企业职工生育保险试行办法》第四条的规定，生育保险依据“以支定收，收支基本平衡”的原则筹集资金。用人单位根据其全体职工的工资总额，按照一定的比例为每名职工向社会保险经办机构按月缴纳生育保险费，建立生育保险基金。生育保险费的提取比例由用人单位所在地的人民政府根据计划内的生育人数、生育津贴、生育医疗费等几项费用综合确定，并根据费用的支出情况作出适时的调整，但最高比例不得超过职工工资总额的1%。

4　女性劳动者生育时，哪些费用由生育保险基金支付？

我国社会建立生育保险制度是为了保障女性劳动者生育的权利。根据《企业职工生育保险试行办法》第六条和第七条的规定，女性劳动者生育时的检查费、接生费、手术费、住院费和药费由生育保险基金支付，但是超出规定的医疗服务费和药费（含自费药品和营养药品的药费）由劳动者自行承担。同时，女性劳动者出院后因生育引起了疾病，因治疗此类疾病所支出的医疗费同样可以向生育保险基金“报销”，但非因生育原因引起的疾病所支出的费用则需要通过基本医疗保险程序“报销”。女性劳动者生育后，由其本人或者就职的用人单位持劳动者所在地计划生育部门签发的计划生育证明，婴儿出生、死亡或流产证明，到当地社会保险经办机构办理手续，领取生育津贴、报销生育医疗费，该部分津贴同样由生育保险基金支付。

第七节　住房公积金

1　什么是住房公积金？

我国法律对住房公积金的概念有明确界定，根据《住房公积金管理条例》第二条和第三条的规定，住房公积金是一种长期住房储金，是由各用人单位如国家机关、国有企业、城镇集体企业、外商投资企业、城镇私营企业及其他城镇企事业单位、民办非企业单位、社会团体及其在职劳动者共同缴存的。劳动者缴存的住房公积金和劳动者所在单位缴存的住房公积金，属于劳动者个人住房基金，归劳动者个人所有。住房公积金是定向用于劳动者住房的基本需求和劳动者住房建设的融通资金，主要由两部分组成，一是劳动者个人每月按规定从工资中扣除缴存的部分，属于劳动者工资，归劳动者个人所有；二是单位每月按规定为劳动者缴存的部分，这部分是住房实物福利分配向工资货币分配转换的部分，视同劳动者工资，也归劳动者个人所有。

2 住房公积金仅能用于支付劳动者购买住房的费用吗？

用人单位和其在职劳动者共同缴存的住房公积金确实能在劳动者日后购买住房时用于支付费用，但住房公积金是定向用于劳动者住房基本需求和劳动者住房建设的融通资金，这意味着除了支付购买房屋的支出，住房公积金还能用于其他很多地方。《住房公积金管理条例》第五条、第二十四条对住房公积金的用途进行了比较全面的列举，除用作购房资金外，还有如下几个方面：(1) 劳动者在建造自己的房屋时需要的资金。(2) 劳动者翻新建造自己的房屋时需要的资金。(3) 劳动者大面积修缮自己的房屋时需要的资金。(4) 偿还购房贷款本息时需要的资金。(5) 房租过高超过家庭收入一定比例时需要额外的补贴。(6) 劳动者完全丧失劳动能力，并与单位终止劳动关系时需要补贴维持基本生活。

3 劳动者住房公积金的月缴存金额如何确定？

劳动者住房公积金的月缴存额同社会保险费一样，是与其月平均收入息息相关的。根据《住房公积金管理条例》第十六条、第十七条、第十八条的明确规定，劳动者自身需要缴存的住房公积金月缴存额的具体计算方式为劳动者上一年度月平均工资乘以职工住房公积金缴存比例。用人单位为劳动者缴存的住房公积金的月缴存额的具体计算方式为劳动者上一年度月平均工资乘以单位住房公积金缴存比例。劳动者个人账户的住房公积金月缴存额为本人与用人单位缴存的金额之和。若劳动者新参加工作，没有上一年度的月平均工资作为参照，则从其开始工作的第二个月开始缴存住房公积金，数额为其当月工资乘以职工住房公积金缴存比例。用人单位新调入的职工从调入单位发放工资之日起缴存住房公积金，月缴存额为职工本人当月工资乘以职工住房公积金缴存比例。职工和单位住房公积金的缴存比例，全国各地不尽相同，一般是由劳动者所在地的住房公积金管理委员会拟订，经本级人民政府审核后，报省一级人民政府批准。具体数值不得低于劳动者上一年度月平均工资的5%，对于条件好的城市，还可以适当提高缴存比例。

4 住房公积金管理委员会的组成人员有哪些?

住房公积金管理委员会一般是由地级市设立的住房公积金管理的决策机构，其工作人员并非都是政府职能部门的在编人员。根据《住房公积金管理条例》第八条的规定，住房公积金管理委员会的组成人员主要由如下几部分构成：(1) 人民政府的负责人。这里的人民政府应与其设立的住房公积金管理委员会的级别相对应。例如，地级市设立的住房公积金管理委员会对应的人民政府负责人是指市级政府的负责人，地级市下辖区设立的住房公积金管理委员会对应的人民政府的负责人是指区级政府的负责人。（2）建设、财政等政府部门、人民银行等金融部门的负责人以及相关专家。（3）各用人单位的工会代表和职工代表。（4）各用人单位的代表。上述四个部分的组成人员在住房公积金管理委员会中占据的比例分别为：人民政府负责人和建设、财政、人民银行等有关部门负责人以及有关专家共同占据住房公积金管理委员会组成人员的三分之一；各用人单位工会和职工代表占据三分之一；剩下三分之一是各用人单位的代表。其中住房公积金管理委员会的主任由社会认同的具有公信力的人士担任。

5　住房公积金管理委员会应履行哪些职责？

根据《住房公积金管理条例》第九条的规定，住房公积金管理委员会的职责主要包含以下几个方面：（1）依据法律、法规的规定以及地区政策，制定和调整本市住房公积金的具体管理措施，并监督实施情况。（2）根据所在地的情况，综合拟定住房公积金的具体缴存比例。（3）确定劳动者在购房时，住房公积金的最高贷款额度。（4）审批公积金经办机构关于住房公积金的归集方式和具体的使用计划。（5）审议住房公积金增值收益的分配方案。（6）审批公积金经办机构关于住房公积金归集以及使用计划执行情况的报告。

6 住房公积金管理中心具体履行哪些职责?

住房公积金管理委员会是住房公积金管理的决策机构，住房公积金管理中心则是具体落实决策、实际管理操作公积金运作的经办机构，是地级市人民政府直属的不以盈利为目的的独立的事业单位。根据《住房公积金管理条例》第十一条的规定，住房公积金管理中心应履行如下几个方面的职责：（1）编制住房公积金的归集方式和使用计划，报住房公积金管理委员会审批，审批通过后再执行具体归集方式和使用计划。（2）负责记载劳动者个人住房公积金缴存、提取以及使用等情况。（3）负责本市住房公积金的核算工作。（4）对劳动者申请的住房公积金提取、使用请求作出审批。（5）负责住房公积金的保值并在法定条件下归还给劳动者个人。（6）编制住房公积金归集方式和使用计划执行情况的报告，上报住房公积金管理委员会审批。（7）具体承办住房公积金管理委员会决定的其他事项。

7 哪些情形下可以提取劳动者住房公积金账户中的余额?

劳动者与用人单位共同缴纳住房公积金到劳动者的个人账户，作为劳动者购房的储备金，任何单位和个人都不得将账户内的余额挪作他用，除非发生了《住房公积金管理条例》第二十四条规定的情况：（1）劳动者要购买、建造、翻建、大修自住房屋、偿还购房贷款本息等，此时可以从账户中提取余额，也算是物尽其用。（2）劳动者离休、退休或者完全丧失劳动能力且终止了与用人单位的劳动关系。这种情况意味着劳动者失去了收入来源，无法继续缴存储备公积金，应当允许其将所有账户余额取出以保障自身的生活。（3）劳动者出境定居的，自然就用不到这部分储备金了，因此可以提取出来。（4）劳动者租住房屋的租金超出了家庭工资的收入的一定比例。这意味着劳动者居住现状恶化，即将陷入无家可归的困境，若此时再不允许其提取公积金，住房公积金制度就失去了其保障劳动者住房生活的社会意义。（5）劳动者不幸死亡，或者被法院宣告死亡的，个人账户的余额将成为其遗产，可以发生继承或遗赠，劳动者的继承人或受遗赠人可以提取公积金账户中的余额。若死亡的劳动者无继承人也无受遗赠人的，那么住房公积金账户内的存储余额将纳入住房公积金的增值收益。值得一提的是，上述第二、三种情形下，提取公积金的同时要注销个人公积金账户，因为之后没有使用该账户的必要了。

8 劳动者缴纳的住房公积金可以在异地使用吗?

劳动者一般在工作地建立自己的公积金账户，缴纳住房公积金，同时在账户所在地提取、使用公积金。但为了便利那些不在公积金账户所在地使用公积金的劳动者，国家住房和城乡建设部发布通知，对在异地买房的个人能否进行住房贷款作出了肯定的回答，并对一些操作问题进行了明确的规定。根据《住房城乡建设部关于住房公积金异地个人住房贷款有关操作问题的通知》关于办理流程的规定，对那些在异地有买房需求的劳动者来说，可以参考下列的流程：（1）劳动者可以向贷款城市所在地的公积金中心咨询，了解需要提交的材料。（2）劳动者本人或委托他人向账户所在地公积金中心提出贷款申请，若劳动者未使用过住房公积金个人住房贷款或首次住房公积金个人住房贷款已经结清，则公积金中心核实职工缴存贷款情况后应出具一份《异地贷款职工住房公积金缴存使用证明》。（3）劳动者凭借这份《异地贷款职工住房公积金缴存使用证明》向贷款城市公积金中心申请贷款，此时贷款地公积金中心会对该份证明的真实性和完整性向账户所在地公积金中心进行核实，核实无误的应尽快审核审批贷款，同时公积金中心应对劳动者的贷款情况进行标识，建立异地贷款情况明细台账，以便日后配合贷款城市公积金中心开展贷款催收等工作。

9　劳动者异地使用住房公积金时，两地住房公积金中心如何分工？

通常情况下，劳动者在缴存城市的住房公积金中心提取公积金用于房屋相关的支出，但随着就业市场越来越灵活，劳动力流动性增大，异地提取、使用住房公积金的情况也越来越常见，这种情况就需要两地的住房公积金中心明确分工、相互配合。根据《住房城乡建设部关于住房公积金异地个人住房贷款有关操作问题的通知》关于职责分工的规定，两地公积金中心的职责分工应做到以下几点：（1）缴存城市公积金中心负责审核劳动者缴存和已贷款的情况，向贷款城市公积金中心出具书面证明，并配合该贷款城市公积金中心核实相关信息。（2）贷款公积金中心及受委托银行负责异地劳动者贷款业务的咨询、受理、审核、发放、回收、变更及贷后管理等一系列与贷款有关的具体工作，同时直接承担贷款的风险。（3）两地的公积金中心均应定期对异地贷款的情况进行核对，掌握提取、还款、变更和逾期等情况。

第五章

集体合同与劳务派遣

1　集体合同是职工代表与用人单位签订生效的吗?

集体合同与一般的劳动合同有较大的差别。集体合同的条款针对的是单位内所有的职工而不是单一的个人。根据《劳动合同法》第五十一条的规定，集体合同的条款内容一般包括用人单位的劳动报酬、劳动条件、福利待遇、工作时间、休假制度、薪酬调整制度等一系列能普遍适用于所有职工的劳动标准。同时，由于集体合同的条款适用于所有职工，所以合同约定的条件比较宽泛，规定的薪酬待遇等一般是用人单位的最低标准。而一般的劳动合同由于签订合同的劳动者的要求各不相同，条款也会有不同的精细化的约定，且往往比集体合同的条件优厚得多。那么，集体合同具有普遍适用的特征是否意味着需要全体职工同意并选出代表进行签订呢?

事实上，集体合同的签订流程比这还要复杂一些。根据《劳动合同法》第五十一条和第五十条的规定，签订集体合同的一方为单位的职工，而具体签订的流程一般是工会代表全体职工与用人单位平等协商，最后确定相应的条款与标准，之后工会再拟定一份集体合同的草案提交全体职工或职工代表大会通过，最后再与用人单位共同签署。此时，该集体合同并没有在各方签署完毕后立即生效。由于集体合同关乎全体职工的切身利益，所以应将集体合同报送劳动行政部门审核，劳动行政部门审核通过后，集体合同才生效。如果用人单位没有建立工会组织，那么用人单位所在地的上级工会组织应指导该单位的全体劳动者推选出代表，完成所有签订流程。

2 集体合同中约定的条件能低于用人单位所在地的最低标准吗?

集体合同一般需经反复平等的协商，由全体劳动者对草案进行讨论并最终定稿，最后由工会代表全体劳动者与用人单位签署。经过这些程序后签订的集体合同体现的是全体劳动者的意愿，对用人单位与劳动者都具有法律约束力。合同中约定的条件，如劳动条件、工资薪酬等由于普遍适用于所有劳动者，所以一般标准都比较低，有时甚至低于用人单位所在地的最低标准，此时这些由劳动者一致同意的条款还具有法律效力吗?

根据《劳动合同法》第五十五条的明确规定，用人单位所在地的最低标准是劳动行政部门为了保障劳动者基本权益制定的，具有强制性，集体合同的一致约定也不能与这些规定相抵触。换句话说，集体合同中约定的劳动报酬和劳动条件等标准不得低于用人单位所在地的最低标准，若合同中的约定低于最低标准，在具体执行合同条款时应自动参照最低标准来执行。

3 劳动合同中的薪酬标准能低于集体合同中的标准吗?

用人单位的集体合同一般是工会代表全体劳动者与用人单位充分磋商，确定各自的权利义务，并由工会拟定草案交全体劳动者通过后再与用人单位共同签署的。因此集体合同具有普遍性，其中约定的标准适用于用人单位所有的劳动者，劳动者个人与用人单位签订劳动合同时相关的标准可以参照集体合同进行约定。事实上，集体合同既是一个参照标准，又是用人单位应当提供的最低标准。根据《劳动合同法》第五十五条的明确规定，劳动者与用人单位签订合同时，对于劳动报酬、劳动条件等标准的协商确定，不得低于集体合同确定的标准，若用人单位利用自身的强势地位，“逼迫”劳动者签订了标准低于集体合同的合同，劳动者可以通过向劳动行政部门投诉或者申请劳动仲裁等方式维护自身的权益。

4 经营劳务派遣业务需要什么资质?

劳务派遣的用工形式存在特殊性，用人单位与劳动者签订合同后将劳动者外派出去，并不在本单位进行工作，这意味着如果一个劳务派遣单位聘用的都是外派劳动者，就不需要相应的工作场地与工作设施，劳务派遣就成了“皮包公司”滋生的土壤，严重影响就业市场的安全与稳定。为了尽可能杜绝此类现象的发生，《劳动合同法》第五十七条对公司经营劳务派遣业务需要的特殊资质条件进行了规定：（1）注册资本不少于人民币200万元；（2）有与开展业务相适应的固定经营场所和设施；（3）制定了符合法律、行政法规规定的劳务派遣管理制度；（4）经营劳务派遣业务应获得行政部门的行政许可，只有经过前置审批程序才能依法登记为劳务派遣公司，没有经过前置审批程序，任何单位和个人都不得经营相关业务；（5）符合法律、行政法规规定的其他条件。

5 劳务派遣单位可以向劳动者收取工作介绍费吗？

在劳务派遣的情况下存在三方当事人，即劳务派遣单位、劳动者、被劳务派遣单位。劳务派遣单位作为用人单位与劳动者签订劳动合同，并把劳动者介绍到被劳务派遣单位，被劳务派遣单位作为实际用工单位给劳动者指派工作任务。部分劳务派遣单位会借机收取劳动者工作介绍费或者因担心劳动者不受自己的实际管理而扣留劳动者的财物作为担保。事实上，这样的做法是完全违反法律规定的。由于劳动者是与劳务派遣单位签订的劳动合同，建立正常的劳动关系，而根据《劳动合同法》

第九条的规定，劳务派遣单位作为用人单位招用劳动者，法律禁止其扣押劳动者的居民身份证和其他证件，也不得要求劳动者提供担保或者以其他名义向劳动者收取财物。《劳动合同法》第六十条也规定，劳务派遣单位不得克扣用工单位按照劳务派遣协议支付给劳动者的劳动报酬，也不得向被派遣劳动者收取费用。因此劳动者完全可以要求劳务派遣单位偿还其违法收取的工作介绍费和扣留的财物。

6 连续的劳务派遣用工期限能否拆分成数个独立的劳务派遣协议?

劳务派遣的用工形式具有特殊性质，一般适用于用工单位的部分临时性、辅助性的岗位，所以劳务派遣期限一般不会过长，而且期限内用工单位可能指派劳动者从事不同岗位的工作。部分用工单位以此为由将连续的劳务派遣用工期限拆分成几个独立的劳务派遣协议来规避工资调整的时期。很显然这样的做法不但侵害了劳动者的权益，还违反了法律的强制性规定。根据《劳动合同法》第五十九条的规定，用工单位应当根据工作岗位的实际需要与劳务派遣单位确定派遣期限，不得将连续劳务派遣用工期限分割签订数个短期劳务派遣协议。

7 劳务派遣的情况下，谁应支付劳动者的工资？

在劳务派遣的情况下，劳动者一般会与两个单位产生关系：一是与劳动者签订劳动合同的用人单位，或者称为劳务派遣单位；二是劳动者实际参加工作的用工单位，或者称为被劳务派遣单位。关于劳动者的工资发放形式，根据《劳动合同法》第五十八条、第五十九条和第六十二条的规定以及实际生活中的情况，一般分为两种：（1）劳动者在用工单位正常工作，工资由用工单位发放并按照与用人单位签订的劳务派遣协议支付到用人单位的账户，再由用人单位代发给劳动者，法律规定用人单位不得克扣用工单位支付给劳动者的工资。同时，对于劳动者的加班费、绩效奖金以及与工作岗位相关的福利待遇，则由用工单位直接支付给劳动者。（2）用工单位的业务处于"空窗期"，劳动者没有被指派相应的工作。由于劳动者与用工单位的关系只是单纯的劳动与工资的物质交换，劳动者一旦没有提供劳动，用工单位自然没有理由支付给劳动者工资。但是劳动者在这段时间依然需要正常生活，此时就由签订劳动合同的用人单位来保障劳动者的基本生活。这段时间的工资由用人单位按照当地人民政府规定的最低工资标准向劳动者按月支付。

8　用人单位与用工单位不在同一地区，劳动者的工资参照哪个标准发放?

劳务派遣的用工形式往往是将劳动者从经济较落后但劳动者富余的地区派遣到经济发达但劳动力匮乏的地区，以此来缓解发达地区劳动力缺乏的窘境，同时推动经济落后地区的发展。用工单位所在地的劳动报酬和劳动条件往往优于用人单位所在地，部分用人单位为了节约人力资源成本，会在劳动合同中约定以用人单位所在地的标准发放劳动报酬。这样的做法显然是有违常理的。试问，被派遣劳动者拿着经济落后地区的工资如何维持在经济发达地区的基本生活？长此以往，劳动派遣的用工形式必然逐渐“消亡”，拉动经济的初衷也无法实现。因此，《劳动合同法》第六十一条规定，劳务派遣单位跨地区派遣劳动者的，被派遣劳动者享有的劳动报酬和劳动条件按照用工单位所在地的标准发放。这样就杜绝了用人单位“钻空子”，也充分保障了被派遣劳动者的正当权益。

9　劳务派遣中的用工单位应当履行哪些义务?

劳务派遣中的用工单位是劳动者实际从事工作的单位。因此，根据《劳动合同法》第六十二条的规定，用工单位应履行如下义务：（1）按照国家的劳动标准，为劳动者提供相应的劳动条件和劳动保护。（2）如实告知劳动者岗位的工作要求以及所能获得的劳动报酬。（3）支付劳动者加班费、绩效奖金，提供与工作岗位相关的福利待遇。（4）由于被派遣劳动者或许不能一开始就适应岗位的工作要求，所以用工单位应当为他们安排必要的培训。（5）针对那些连续长时间用工的被派遣劳动者，应当实行正常的工资调整机制。（6）用工单位应自己留用被派遣的劳动者，不得把劳动者再次派遣到其他用人单位。

10 被派遣劳动者与用工单位劳动者的薪酬有区别吗？

被派遣劳动者虽然是用人单位从外部派遣进入用工单位工作的，并非用工单位一开始就聘用的劳动者，但是工作内容、工作强度与同岗位的用工单位劳动者是没有区别的。所以根据《劳动合同法》第六十三条的规定，被派遣劳动者享有与用工单位劳动者同工同酬的权利以及相同的劳动报酬分配方法。如果用工单位同一岗位没有内部劳动者，就参照用工单位所在地相同或相近岗位的劳动报酬进行发放，用工单位不能任意确定被派遣劳动者的报酬。同时，劳务派遣单位与被派遣劳动者签订的劳动合同和劳务派遣单位与用工单位签订的劳务派遣协议中约定的劳动报酬也应符合上述规定。

11　被派遣劳动者可以参加用工单位的工会吗？

劳务派遣的用工形式存在特殊性，被派遣的劳动者与劳务派遣单位签订劳动合同，在用工单位只是参加工作，因此与用工单位在法律上的联系并不紧密，与那些用工单位原本就聘用并签订劳动合同的劳动者有所不同。作为“外来人员”，部分被派遣的劳动者时常担心在用工单位会被区别对待，如不能依照用工单位规章制度行使正当权利、不能像内部劳动者那样参加用工单位的工会等。但其实这种担心是没有必要的，工会是由用人单位的劳动者形成的组织，其职能是代表全体劳动者的利益，依法维护全体劳动者的合法权益，这其中当然也包括被派遣的劳动者。《劳动合同法》第六十四条对此也明确规定，被派遣劳动者的权利与用工单位劳动者的权利并无差异。换句话说，被派遣劳动者可以依法组织或者参加用工单位的工会，并通过工会维护自身的正当权利。

12　劳务派遣的用工形式适合哪些类型的岗位？

劳务派遣具有人事管理简便、企业管理效率高、人员机动灵活的特点，是现在企业比较常见的一种用工方式。但是劳务派遣并非企业的基本用工形式，只是补充形式，适用于一些临时性、辅助性或者替代性的工作岗位。根据《劳动合同法》第六十六条的规定，临时性、辅助性、替代性工作岗位有明确的定义：（1）临时性工作岗位指存续时间不超过六个月的岗位。（2）辅助性工作岗位指的是为企业的主营业务岗位提供服务的非主营业务岗位。（3）替代性工作岗位指的是用工单位的劳动者因为脱产学习、休假等原因一段时间不能参与工作，这段时间出现的空缺可以由其他劳动者替代工作的岗位。用工单位需要严格控制劳务派遣的岗位数量及用工数量，不得超过其用工总量的一定比例，这个比例具体由国务院劳动行政部门加以规定。除这些岗位外，用工单位一些固定的、不可替代的核心岗位不得采用劳务派遣的形式进行用工。

13 劳务派遣中用工单位拖欠工资，劳动者如何主张权利？

在劳务派遣的情况下，一般由用工单位根据与用人单位签订的劳务派遣协议按月将支付给劳动者的工资转到用人单位的账户上，由用人单位代发给劳动者。这种情况下，若用工单位无故拖欠劳动者的工资，而用人单位也以不是本单位的责任为由“踢皮球”，那切身利益被侵害的劳动者应向谁主张权利呢？

劳务派遣中，用人单位与劳动者签订的是劳动合同，所以劳动者与用人单位之间才是劳动关系，至于劳务派遣协议是用人单位与用工单位签订的，对此劳动者只是知情人，并不是合同的一方。因此，根据《劳动合同法》第三十条的规定，劳动者被拖欠工资时，只能向与其有劳动关系的用人单位主张。劳动者可以通过向劳动行政部门投诉、申请劳动仲裁或者向法院申请支付令等方式要求支付相应的工资及同期银行利率的利息或者要求解除劳动合同并补发工资和利息外加付经济补偿金。用人单位满足劳动者的合法要求后，可依据劳务派遣协议向用工单位追偿该笔支出，毕竟用工单位才是“罪魁祸首”。

14 什么情况下被派遣劳动者可以解除与劳务派遣单位的劳动合同？

虽然劳务派遣的用工形式牵扯到三方，存在一定的特殊性，但是劳动合同的双方依然是劳动者与劳务派遣单位，所以被派遣劳动者解除劳动合同的情形与普通劳动者行使该项权利的情形相同。

《劳动合同法》第六十五条也规定了被派遣劳动者可以依据该法的第三十六条和第三十八条的规定与劳务派遣单位解除劳动合同。根据《劳动合同法》第三十六条的规定，被派遣劳动者与劳务派遣单位协商一致后可以解除劳动合同。根据《劳动合同法》第三十八条的规定，被派遣劳动者对劳动合同有单方解除权，主要在如下几种情况下行使：(1) 劳务派遣单位未按照劳动合同的约定为被派遣劳动者提供劳动保护或者劳动条件。(2) 劳务派遣单位未及时足额支付劳动报酬，即克扣了用工单位发给被派遣劳动者的薪水。(3) 劳务派遣单位未依法为被派遣劳动者缴纳社会保险费。(4) 劳务派遣单位的规章制度违反法律、法规的规定，损害被派遣劳动者的权益。(5) 劳务派遣单位与被派遣劳动者签订合同时存在欺诈、胁迫的手段或者乘人之危，使对方在违背真实意思的情况下订立劳动合同从而导致劳动合同无效。(6) 法律、行政法规规定劳动者可以解除劳动合同的其他情形。上述六种情况下，被派遣劳动者行使单方解除权需要提前通知劳务派遣单位。(7) 劳务派遣单位以暴力、威胁或者非法限制人身自由的手段强迫被派遣劳动者劳动，或者劳务派遣单位违章指挥、强令冒险作业，危及被派遣劳动者人身安全的，被派遣劳动者可以立即解除劳动合同，不需要提前30日告知劳务派遣单位。

15 什么情况下劳务派遣公司可以解除与被派遣劳动者的劳动合同?

被派遣劳动者在用工单位没有恪尽职守、保质保量地完成用工单位指派的工作任务，甚至有“出格”的举动，此时用工单位可以把被派遣劳动者退回劳务派遣单位，劳务派遣单位可以行使法律赋予的单方解除权解除与被派遣劳动者之间的劳动合同。根据《劳动合同法》第六十五条的规定，劳务派遣单位的权利依据来自该法的第三十九条和第四十条第一项、第二项，主要情形有如下几种：（1）被派遣劳动者在试用期间被证明不符合用工单位的录用条件。（2）被派遣劳动者严重违反用工单位的规章制度。（3）被派遣劳动者严重失职，营私舞弊，给用工单位造成了重大损害。（4）被派遣劳动者同时与其他用人单位建立劳动关系，对完成用工单位的工作任务造成了严重影响，或者经用工单位提出仍拒不改正。（5）被派遣劳动者与劳务派遣单位签订合同时存在欺诈、胁迫的手段或者乘人之危，使劳务派遣单位在违背真实意思的情况下订立劳动合同，从而导致劳动合同无效。（6）被派遣劳动者被依法追究刑事责任。（7）被派遣劳动者患病或者非因工负伤，在规定的医疗期满后不能从事原工作，也不能从事由用工单位另行安排的工作。（8）被派遣劳动者不能胜任工作，经过培训或者调整工作岗位仍不能胜任工作。

16 劳务派遣单位能以非全日制形式雇用劳动者吗？

非全日制形式用工不同于全日制用工，用人单位和劳动者双方都可以随时通知对方终止用工，终止用工后用人单位无须支付经济补偿金，同时非全日制劳动者的社会保险除工伤保险外，均由劳动者自行缴纳。非全日制形式用工对用人单位而言，不但用工形式灵活且成本低廉。这对本身就有节约成本需求的劳务派遣单位有着致命的诱惑，于是很多劳务派遣单位纷纷采用非全日制的形式雇用劳动者。

然而，劳务派遣单位的这一举动是违反法律规定的。虽然《劳动合同法》对于这一点没有作出明确的规定，但根据《劳动合同法实施条例》第三十条的规定，为了保障劳务派遣关系的稳定性，同时也保障用工单位的权益，劳务派遣单位不得以非全日制用工形式聘用被派遣的劳动者。

第六章

劳动卫生安全与特殊劳动保护

第一节　劳动卫生安全

1　用人单位有义务保障劳动者的劳动安全卫生吗?

劳动安全卫生关乎每个劳动者的切身权益，因此我国劳动方面的法律明确规定用人单位在雇用劳动者时应当保障劳动者的劳动安全卫生。根据《劳动法》第五十四条的条文表述，用人单位需要做到以下几点：（1）用人单位在用工时，必须为劳动者提供符合国家规定的劳动安全卫生条件，如配备劳动过程中所必需的生产设备；准备劳动的场地有一定空间和阳光的厂房，并配有通风和除尘装置、调温设备等。（2）接触有毒有害物质的行业的用人单位应当为劳动者提供相应的劳动防护用品。（3）针对有职业危害的行业，用人单位应当定期组织健康检查，以预防和减少劳动者因从事有职业危害的作业而罹患职业病或危及生命健康。上述这些都是法律规定用人单位必须遵守的法定义务。

2 劳动者有权拒绝用人单位的违章指挥吗?

劳动者受聘于用人单位，服从用人单位的管理，遵守用人单位的规章制度，按照用人单位的指派进行日常工作是理所当然的。但是在特定的情况下，劳动者有权拒绝用人单位指派的任务。根据《劳动法》第五十六条的规定，劳动者在劳动过程中必须严格遵守安全操作规程。当用人单位的管理者违反安全操作规程指挥劳动者，强行命令其冒着生命危险从事劳动作业，此时劳动者有权拒绝执行管理者无理的操作命令。若管理者命令从事的劳动作业将会危害劳动者生命安全和身体健康，劳动者有权拒绝执行操作命令，提出批评、建议的同时还可以向用人单位所在地的劳动保障行政部门检举与控告用人单位的违法行为，依法保障自身的切身权益。

3 什么是职业病?

法律意义上的职业病和人们通常认知中职业病的概念是有所差异的。人们通常认知的职业病指的是劳动者因长时间从事某项特定的职业而损害自己的身体健康，留下了难以治愈的病根。但是在法律意义上，职业病的概念有着特殊的含义。我国

《职业病防治法》第二条对职业病的概念有明确的规定，指的是企业、事业单位和个体经济组织等用人单位的劳动者在职业活动中，因接触粉尘、放射性物质和其他有毒、有害物质而引起的疾病。那些不是因为接触有毒、有害物质，只是因长时间工作导致的如颈椎病、高度近视或其他的身体不适等疾病，不属于职业病的范畴。同时，《职业病分类和目录》对职业病的种类进行了明确和细化。该具体分类和目录由国务院卫生行政部门会同国务院劳动保障行政部门共同制定、调整并公布。

4　劳动者享有哪些职业卫生保护权利？

为了保障劳动者的生命安全与健康，最大限度地预防职业病对劳动者造成的危害，法律赋予了劳动者职业卫生保护的权利。根据《职业病防治法》第三十九条的规定，劳动者享有的具体职业卫生保护权利如下：（1）劳动者有权获得职业卫生教育与培训。（2）劳动者有权获得职业健康检查、职业病诊疗、康复等职业病防治服务。（3）劳动者有权向用人单位了解工作场所产生的或者可能产生的职业病危害因素、危害后果和应当采取的职业病防护措施。（4）劳动者可以要求用人单位提供符合防治职业病要求的职业病防护设施和个人使用的职业病防护用品以改善工作条件。（5）劳动者有权对用人单位违反职业病防治法律、法规以及危及生命健康的行为提出批评、检举和控告。(6) 劳动者有权拒绝用人单位违章指挥和强令进行的没有职业病防护措施的作业。(7) 劳动者可以参与用人单位职业卫生工作的民主管理，对职业病防治工作提出意见和建议。法律同时规定用人单位应该保障劳动者行使上述权利。用人单位不得因劳动者依法行使这些正当权利而降低其工资、福利等待遇或者解除、终止与其签订的劳动合同。

5 有职业病危害可能的用人单位在设立时应满足哪些职业卫生要求?

有职业病危害可能的用人单位相比于其他用人单位，在设立时的条件更为复杂，除应当符合通常法律、法规规定的设立条件外，其工作场所还要符合职业卫生要求。根据《职业病防治法》第十五条的规定，用人单位应当遵守如下职业卫生要求：(1) 用人单位的职业病危害因素的强度或者浓度应当符合国家职业卫生的标准。(2) 用人单位有与职业病危害防护相适应的设施。(3) 用人单位的生产布局合理，应当符合有害与无害作业分开的原则。(4) 用人单位有配套的更衣间、洗浴间、孕妇休息间等卫生设施。(5) 用人单位的设备、工具、用具等设施符合保护劳动者生理和心理健康的要求。(6) 用人单位符合法律、行政法规和国务院卫生行政部门关于保护劳动者健康的其他要求。

6　用人单位应采取哪些职业病防治管理措施?

用人单位应积极采取职业病防治管理措施，为本单位的劳动者提供一个安全的工作环境。根据《职业病防治法》第二十条的规定，用人单位应当采取的职业病防治管理措施如下：(1) 用人单位应设置或者指定职业卫生管理机构或者组织，配备专职或者兼职的职业卫生管理人员，负责本单位的职业病防治工作。(2) 用人单位应制定本单位的职业病防治计划和实施方案。(3) 用人单位应建立健全本单位职业卫生管理制度和操作规程。(4) 用人单位应建立健全本单位职业卫生档案和全体劳动者的健康监护档案。(5) 用人单位应建立健全本单位工作场所职业病危害因素监测及评价制度。(6) 用人单位应建立健全本单位职业病危害事故应急救援预案。

7　有职业病危害可能的用人单位在日常管理中应履行哪些职责?

有职业病危害可能的用人单位除了在设立时要符合职业卫

生要求，在日常的生产管理中还要注意履行职责，防治职业病的危害。《职业病防治法》第二十二条至第二十六条对用人单位应当履行的职责有明确细致的规定：

（1）用人单位在日常生产经营中必须采用有效的职业病防护设施并为劳动者提供个人使用的职业病防护用品。这些职业病防护用品必须符合防治职业病的要求，不得使用不符合要求的职业病防护用品。

（2）用人单位在采购时应当优先选择有利于防治职业病和保护劳动者健康的新技术、新工艺、新设备、新材料，并且逐步替代正在使用的职业病危害严重的技术、工艺、设备、材料。

（3）用人单位应当在醒目位置设置公告栏，公布有关职业病防治的规章制度、操作规程、职业病危害事故应急救援措施和工作场所职业病危害因素检测结果，同时对产生严重职业病危害的作业岗位，应当在其醒目位置设置警示标识和中文警示说明。警示说明应当载明产生职业病危害的种类、后果、预防以及应急救治措施等内容。

（4）用人单位在日常生产管理中对可能发生急性职业损伤的有毒、有害的工作场所，应当设置报警装置，配置现场急救用品、冲洗设备、应急撤离通道和必要的泄险区。若是工作内容涉及放射性元素，日常管理中对放射工作场所和放射性同位素的运输、贮存必须配置防护设备和报警装置，保证接触放射线的工作人员佩戴个人剂量计。用人单位对配置的职业病防护设备、应急救援设施和个人使用的职业病防护用品应当进行经常性的维护、检修，定期检测其性能和效果，确保其处于正常状态，不得擅自拆除或者停止使用。

（5）用人单位应当实施由专人负责的职业病危害因素日常监测，并确保监测系统处于正常运行状态。

（6）用人单位应当按照国务院卫生行政部门的规定，定期对工作场所进行职业病危害因素检测、评价。检测、评价结果存入用人单位职业卫生档案，定期向所在地卫生行政部门报告并向所有劳动者公布。用人单位发现工作场所职业病危害因素不符合国家职业卫生标准和卫生要求时应当立即采取相应治理措施，通过治理仍达不到国家职业卫生标准和卫生要求的，用人单位必须停止存在职业病危害因素的作业。当职业病危害因素通过治理符合国家职业卫生标准和卫生要求后才能重新作业。

8　劳动者应当如何进行职业病诊断？

劳动者长期从事有职业病危害的工作，患职业病的概率会大幅度增加。若是不幸患上职业病，劳动者应当及时进行职业病诊断，为之后申请享受工伤保险待遇做准备。根据《职业病诊断与鉴定管理办法》第十九条的规定，劳动者可以选择用人单位所在地、本人户籍所在地或者经常居住地的职业病诊断机构进行职业病诊断。根据《职业病诊断与鉴定管理办法》第二十一条规定，届时劳动者需要提交如下材料：（1）劳动者本人的职业史和职业病危害接触史，内容包括工作的在岗时间、工种、岗位、接触的职业病危害因素名称等项目。（2）劳动者职业健康检查结果。（3）劳动者所在工作场所职业病危害因素的检测结果。（4）职业性放射性疾病诊断还需要劳动者个人剂量监测档案等资料。

9 职业病诊断证明书应当符合哪些要求？

职业病诊断机构进行职业病诊断时会组织三名以上执业医师集体诊断，之后按大多数人的意见作出职业病诊断结论，然后出具职业病诊断证明书。根据《职业病诊断与鉴定管理办法》第三十条的规定，职业病诊断证明书的书写应当符合相关标准的要求，由参与诊断的取得职业病诊断资格的执业医师共同签署，并经职业病诊断机构审核、盖章后生效。职业病诊断证明书一式五份，劳动者一份，用人单位所在地县级卫生健康主管部门一份，用人单位两份，剩下一份由诊断机构存档。

10 劳动者对职业病诊断结论不服可以采取哪些措施?

职业病诊断结论虽然是由专业的诊断医师共同作出的，但难免有出现纰漏的时候。劳动者若对诊断结论存有异议，依据《职业病诊断与鉴定管理办法》第三十四条、第三十五条的规定，可以在接到职业病诊断证明书之日起 30 日内，向作出诊断的职业病诊断机构所在地设区的市级卫生行政部门申请职业病鉴定。设区的市级职业病诊断鉴定委员会负责对劳动者有异议的职业病诊断进行首次鉴定。鉴定结论作出之后，若劳动者对此仍然持有异议，法律赋予劳动者第二次机会，劳动者可以在接到鉴定书之日起 15 日内，向原鉴定组织所在地的省级卫生健康主管部门申请再鉴定。省级卫生健康主管部门的鉴定结论为最终结论，劳动者不得再对此提出异议。

11 职业病首次鉴定与再次鉴定分别需要提交哪些材料?

劳动者若对职业病诊断结论持有异议，可以向职业病诊断机构所在地的市级卫生健康主管部门申请职业病首次鉴定，根据《职业病诊断与鉴定管理办法》第四十三条的规定，劳动者需要提交如下材料：（1）职业病诊断鉴定申请书；（2）职业病诊断机构出具的职业病诊断证明书。

首次鉴定结论完成后，劳动者若对此还是持有异议，可以向省级卫生健康主管部门申请再次鉴定。申请再次鉴定需要提交的材料与首次鉴定相似，主要有如下这些内容：（1）职业病鉴定申请书；（2）职业病诊断机构出具的职业病诊断证明书；（3）市级卫生健康主管部门出具的职业病诊断鉴定书。

12 职业病鉴定的具体程序是怎样的？

《职业病诊断与鉴定管理办法》第四十四条对职业病鉴定办事机构进行职业病鉴定的程序进行了明确的规定，职业病鉴定办事机构在收到劳动者的申请资料之日起5个工作日内应当完成申请资料的审核，对资料齐全的应当发给受理通知书；资料不全的，应当当场或者在5个工作日内一次性告知劳动者进行补充。劳动者将资料补充齐全后，鉴定办事机构应当受理申请并组织鉴定。职业病鉴定办事机构在鉴定过程中，可以根据需要向原职业病诊断机构或者组织首次职业病鉴定的办事机构调阅有关的诊断、鉴定资料，原职业病诊断机构或者组织首次职业病鉴定办事机构应当在接到通知之日起10日内提交。

若鉴定事项较为复杂，根据《职业病诊断与鉴定管理办法》第四十五条规定，职业病鉴定办事机构根据鉴定工作的需要，可以向有关单位调取与职业病诊断、鉴定有关的资料。鉴定办事机构的专家组还应当听取当事人的陈述和申辩，必要时可以组织进行医学检查，并应当在30日内完成。当职业病鉴定办事机构需要了解被鉴定人的工作场所职业病危害因素情况时，根据鉴定委员会的意见可以对劳动者所在的用人单位的工作场所进行现场调查，或者依法提请卫生健康主管部门组织现场调查，并应当在30日内完成。该办法第四十四条规定职业病鉴定办事机构应当在受理鉴定申请之日起40日内组织鉴定、形成鉴定结论，并出具职业病鉴定书，其中医学检查和现场调查时间不计入职业病鉴定总期限。

13 职业病鉴定书包含哪些内容？

职业病鉴定办事机构得出鉴定结论后应当出具职业病鉴定书，根据《职业病诊断与鉴定管理办法》第四十七条规定，职业病鉴定书的格式由国家卫生健康委员会统一规定，在加盖职业病诊断鉴定委员会的印章后生效。首次鉴定的职业病诊断鉴定书一式五份，劳动者、用人单位、用人单位所在地市级卫生健康主管部门、原诊断机构各一份，剩下一份由职业病鉴定办事机构存档。再次鉴定的职业病鉴定书一式六份，劳动者、用人单位、用人单位所在地省级卫生健康主管部门、原诊断机构、首次职业病鉴定办事机构各一份，再次职业病鉴定办事机构存档一份。职业病鉴定书应当包含如下内容：（1）劳动者和用人单位的基本信息及鉴定事由。（2）鉴定结论及其依据，如果劳动者被鉴定为职业病，应当注明职业病名称与程度（期别）。（3）作出职业病鉴定的时间。

14 用人单位需要统计本单位发生的伤亡事故和职业病案例吗?

伤亡事故对于用人单位和劳动者而言，都是想极力避免却又无法逃避的事件。用人单位防止伤亡事故和职业病最好的方法就是事前做好防护措施，通过对伤亡事故和职业病案例的统计、汇总与分析，可以发现伤亡事故和职业病发生率较高的行业与领域，然后对这些重点行业和重点领域的劳动者实施特殊保护以尽可能预防和减少事故带来的损害。对此，我国以法律的形式将这一措施加以明文规定。根据《劳动法》第五十七条的规定，国家应当建立伤亡事故和职业病统计报告和处理制度，该制度要求县级以上政府劳动行政部门、有关部门以及用人单位应当依法对劳动者在生产劳动中不幸发生的伤亡事故和职业病案例进行统计、报告以及处理。这样既可以提高伤亡事故和职业病的救助效率，也可以为预防措施的建立提供依据。

第二节　未成年工特殊劳动保护

1　用人单位可以招用未满 16 周岁的未成年人吗？

用人单位招用未满 16 周岁的未成年人，即招聘童工的行为是被法律严格禁止的，我国多部法律对此都有明确的规定。《劳动法》第十五条规定，禁止用人单位招用未满 16 周岁的未成年人。但是对于文艺、体育和特种工艺单位，遵守国家有关规定，并保障未成年人接受义务教育的权利后可以依法招用未满 16 周岁的未成年人。其余用人单位招用未满 16 周岁的未成年人，违反规定的将受到《劳动法》的处罚，根据该法第九十四条的规定由劳动行政部门责令限期改正并处以罚款，情节严重的，由市场监督管理部门吊销营业执照。

我国《禁止使用童工规定》对用人单位招用童工的行为有更为细致、明确的规定。其中，第二条规定，国家机关、社会团体、企业事业单位、民办非企业单位或者个体工商户等用人单位均不得招用不满 16 周岁的未成年人，即招用童工。禁止任何单位或者个人为不满 16 周岁的未成年人介绍就业，同时也禁止不满16周岁的未成年人开业从事个体经营活动。《禁止使用童工规定》第四条又对禁止事项进行了重申，规定用人单位招用人员时，必须核查被招用人员的身份证，对不满16周岁的未成年人，一律不得录用。但是，针对文艺、体育、教育等有特殊需求的单位，《禁止使用童工规定》第十三条也作出了例外规定，文艺、体育单位经未成年人的父母或者其他监护人同意，可以招用不满16周岁的专业文艺工作者或运动员。但用人单位应当保障被招用的不满16周岁的未成年人的身心健康并保障其接受义务教育的权利。文艺、体育单位招用不满16周岁的专业文艺工作者或运动员的具体办法由国务院劳动保障行政部门会同国务院文化、体育行政部门制定，用人单位在招用时必须严格执行有关具体办法。学校或其他教育机构以及职业培训机构按照国家有关规定组织不满16周岁的未成年人进行不影响其人身安全和身心健康的教育实践劳动、职业技能培训劳动的，不属于招用童工。

2 用人单位违法招用童工会受到哪些处罚?

通常情况下，用人单位招用未满16周岁的未成年人属于招用童工，是被多部法律严格禁止的行为。若用人单位不顾法律的规定，依然违法招用童工将受到法律的严厉处罚。根据《禁止使用童工规定》第六条的规定，用人单位使用童工的，由劳动保障行政部门按照每使用一名童工每月处5000元罚款的标准给予处罚。若用人单位在使用有毒物品的作业场所使用童工，按照《使用有毒物品作业场所劳动保护条例》规定的罚款幅度或者按照每使用一名童工每月处5000元罚款的标准，从重处罚。同时，劳动保障行政部门应当责令用人单位限期将童工送回原居住地交其父母或者其他监护人，所需交通和食宿费用全部由用人单位承担。

用人单位经劳动保障行政部门责令限期改正但逾期仍不将童工送交其父母或者其他监护人的，从责令限期改正之日起由劳动保障行政部门按照每使用一名童工每月处1万元罚款的标准处罚，市场监督管理部门还应当吊销其营业执照或者由民政部门撤销民办非企业单位登记。用人单位是国家机关、事业单位的，由有关单位依法对直接负责的主管人员和其他直接责任人员给予降级或者撤职的行政处分或者纪律处分。

若用人单位招用童工时有更加严重恶劣的违法情节，包括但不限于如拐骗童工，强迫童工劳动，使用童工从事高空、井下、放射性、高毒、易燃易爆以及国家规定的第四级体力劳动强度的劳动；使用不满14周岁的童工；使用童工导致童工死亡或者严重伤残等情况，依照《刑法》关于拐卖儿童罪、强迫劳动罪或者其他罪的规定，追究用人单位以及直接负责的主管人员和其他直接责任人员的刑事责任。

3 用人单位招用童工导致童工伤残或死亡的，应当如何处理？

我国法律严禁用人单位（文艺、体育单位除外）招用不满16周岁的未成年人。用人单位若违法招用不满16周岁的童工，使其在劳动过程中受伤致残或死亡的，将会受到法律严厉的制裁。根据《禁止使用童工规定》第十条的规定，童工在工作时患病或者受伤的，用人单位应当负责将童工送到医疗机构治疗并负担治疗期间的全部医疗和生活费用。童工受伤致残或者死亡的，用人单位将被市场监督管理部门吊销营业执照或者被民政部门撤销民办非企业单位登记。若用人单位是国家机关、事业单位，该用人单位直接负责的主管人员和其他直接责任人员将被给予降级、撤职的行政处分或者纪律处分。用人单位还应当一次性地对伤残的童工、死亡童工的直系亲属给予赔偿，赔偿金额按照国家工伤保险的有关规定计算。涉嫌犯罪的，依照《刑法》关于拐卖儿童罪、强迫劳动罪或者其他罪的规定，追究刑事责任。

4　国家行政机关工作人员在“童工问题”上有渎职行为将会受到何种处罚？

我国法律向来重视保护未成年人的合法权益。法律要求国家行政机关工作人员在“童工问题”上保持高度重视与勤勉尽责的态度。根据《禁止使用童工规定》第十二条的规定，国家行政机关工作人员在“童工问题”上有渎职行为时，将被依法给予记大过或者降级的行政处分；情节严重的，依法给予撤职或者开除的处分；构成犯罪的，依照《刑法》关于滥用职权罪、玩忽职守罪或者其他罪的规定，追究刑事责任。这样的渎职行为包括但不限于以下几种：（1）劳动保障等有关部门工作人员在禁止使用童工的监督检查工作中发现使用童工的情况，不予制止、纠正、查处。（2）公安机关的人民警察违反规定发放身份证或者在身份证上登录虚假出生年月。（3）市场监督管理部门工作人员发现申请人是不满 16 周岁的未成年人，仍然为其从事个体经营发放营业执照。

第三节　女职工特殊劳动保护

1 用人单位可以单方解除怀孕女职工的劳动合同吗?

我国劳动方面的法律对于劳动者的保护是比较全面的，尤其对于女性劳动者有许多倾斜性的保护规定。其中有一些特别条款是专门为了保护女性劳动者的生育权利而制定的。法律对女性劳动者怀孕期间的工作有诸多保护，如不能从事劳动强度过大的工作，不能接触危险的工作环境，享受特定的假期等，这些保护条款都会对用人单位的经营效益产生影响。部分用人单位为了提升效益，利用自身的强势地位，以女职工不能胜任工作为由单方解除劳动关系。法律为了防止此种情况的发生，对于用人单位在此时单方解除劳动合同的权利作出了诸多限制。

根据《劳动合同法》第四十条、第四十一条、第四十二条以及《女职工劳动保护特别规定》第五条的规定，用人单位不得因女职工怀孕、生育、哺乳降低其工资或予以辞退、解除劳动合同。具体而言，女职工在孕期、产期、哺乳期的，用人单位不得以如下理由单方解除劳动合同：（1）女职工患病或者非因工负伤，在规定的医疗期满后不能从事原工作，也不能从事由用人单位另行安排的工作。（2）女职工不能胜任工作，经过培训或者调整工作岗位，仍不能胜任工作。（3）劳动合同订立时所依据的客观情况发生重大变化，致使劳动合同无法履行，经用人单位与女职工协商，未能就变更劳动合同内容达成协议。（4）用人单位的客观经济情况发生重大变化，如需要破产重整，生产经营发生严重困难，企业转产、重大技术革新或经营方式调整，因此要进行经济性裁员。

2　用人单位能解雇严重违纪的怀孕女职工吗？

我国法律对于女性劳动者有诸多倾斜性保护的规定，限制用人单位因女职工怀孕、影响工作效率而单方辞退女职工。但是，这并不意味着怀孕的女职工就可以高枕无忧，拿到所谓的“铁饭碗”了。因为法律限制用人单位单方解除劳动合同的权利仅仅是在女职工和用人单位都没有过错的情况下，如女职工因能力问题不能胜任当前岗位的工作，用人单位因为经营不善需要经济性裁员等情况。若怀孕女职工本身有过错，如存在严重违反规章制度的行为，用人单位还是可以将其解雇的。

根据《劳动合同法》第三十九条的规定，跟男性职工一样，怀孕女职工若有如下情况，用人单位依然可以单方解除劳动合同：(1) 怀孕女职工在试用期被发现不能满足工作岗位的要求，由于双方劳动关系此时还较为松散，用人单位可以选择不正式录用劳动者。(2) 怀孕女职工自身存在“过错”，如严重违反用人单位的规章制度，用人单位可以此为由辞退该名女职工。(3) 怀孕女职工严重失职，营私舞弊，给用人单位造成重大损害的。(4) 怀孕女职工同时与其他用人单位建立了劳动关系且对完成本单位的工作任务造成严重影响或者经用人单位提出，拒不改正的，用人单位可以因此辞退该名女职工。(5) 怀孕女职工伪造自身重大信息欺诈或胁迫、乘人之危，使用人单位签订劳动合同，这样签订的劳动合同其实是无效的，所以用人单位得知真相后自然可以解除已签订的劳动合同。(6) 怀孕女职工违法犯罪，被追究刑事责任，不仅不能履行劳动合同，还可能对用人单位的名誉造成巨大影响，所以法律允许用人单位在这种情况下单方解除劳动合同。

3 用人单位违法解雇孕期、产期、哺乳期女职工会承担哪些法律后果？

对女职工而言，孕期、产期、哺乳期会对工作产生很大的影响。法律为了保障女职工生育后代的权利，极大地限制了用人单位解雇孕期、产期、哺乳期女职工的权利，但是实践中依然有部分用人单位在女职工孕期、产期、哺乳期内违法单方解除劳动合同。

用人单位的行为违反了法律的规定，自然要承担相应的法律后果。女职工可以向用人单位所在地的劳动仲裁委提起劳动仲裁。根据《劳动合同法》第四十七条、第四十八条以及第八十七条的规定，同普通职工被违法解除劳动合同的情形相同，孕期、产期、哺乳期女职工可以选择行使权利的方式，分别为以下两种：（1）女职工若想免去重新求职的时间、金钱等成本，可以要求继续履行原来的劳动合同，一切回到违法解雇没有发生的时候。（2）女职工若认为违法解雇的行为发生了一次，难保不会发生第二次，而且用人单位与其之间也产生了信任危机和隔阂，再继续维持劳动关系只会加深双方的“怨恨”，则可以顺其自然，不再继续履行原来的劳动合同，但要求用人单位承担赔偿责任，赔偿金的数额是按照工作年限计算的经济补偿金的两倍。

4　用人单位如何处理在孕期、产期、哺乳期内合同期满的女职工？

一般情况下，劳动合同期满时劳动关系自然终止。但是当女职工处于孕期、产期、哺乳期等特殊情形时，劳动关系的终止将严重损害劳动者的权益，因此法律对此有特殊的保护机制。

根据《劳动合同法》第四十五条的规定，如下情形下，劳动合同会延续至特殊情形消失时终止：（1）从事接触职业病危害作业的劳动者未进行离岗前职业健康检查或疑似职业病病人在观察期间的；（2）劳动者在本单位患上职业病或因工负伤，丧失全部或部分劳动能力的；（3）患病或负伤的劳动者在医疗期内的；（4）女职工处在孕期、产期、哺乳期的；（5）劳动者在用人单位工作满15年，且离退休不到5年的。因此，对于处于孕期、产期、哺乳期的女职工而言，劳动合同会自动延续到孕期、产期、哺乳期结束时终止。

5 经期女职工能否在工作内容上要求用人单位特殊照顾？

由于女职工生理上的特殊性，我国法律对其给予了特殊的保护规定。处在经期的女职工有权依法向用人单位提出特殊照顾的要求，如要求在特殊时期不从事某些领域的工作。根据《劳动法》第六十条的规定，用人单位不得安排女职工在经期从事高处、低温、冷水作业和国家规定的第三级体力劳动强度的劳动。同时《女职工劳动保护特别规定》附录第二条将《劳动法》的相关条款细化并列出了女职工经期禁止从事的劳动范围：（1）冷水作业分级标准中规定的第二级、第三级、第四级冷水作业；（2）低温作业分级标准中规定的第二级、第三级、第四级低温作业；（3）体力劳动强度分级标准中规定的第三级、第四级体力劳动强度的作业；（4）高处作业分级标准中规定的第三级、第四级高处作业。

6 用人单位对孕期女职工的用工应当注意哪些方面？

女性劳动者在怀孕期间需要特殊保护，所以用人单位在女职工怀孕期间的工作安排需要特别注意如下事项：根据《劳动法》第六十一条的规定，女职工在怀孕期间，用人单位不得要求其从事国家规定的体力强度为第三级的劳动。同时根据《女职工劳动保护特别规定》第六条规定，若女职工在孕期无法适应原劳动，可以申请医疗机构出具相应的证明，用人单位应当为其安排劳动强度较低或者其能适应的劳动。当女职工怀孕超过7个月，用人单位不得安排其加班或者在夜晚上班，并且要在工作时间安排一定的休息时间以充分保护女职工及其胎儿的健康。最重要的是，从事高风险行业的女职工怀孕的，用人单位应当改变其平常的工作内容，让其远离接触有害化学物质的工作环境，避免高处、高温、高压、低温、冷水、噪声、封闭空间、体力劳动强度过大的工作内容，毕竟这些工作极易对脆弱的孕妇与胎儿造成危害。

7 女职工在怀孕期间禁忌从事哪些工作？

为了保障女职工及其腹中胎儿的生命安全与健康，我国法律明确规定了女职工怀孕期间禁忌从事的工作范围，各用人单位都应严格遵守该项保护性规定，不得在女职工怀孕期间指派禁止清单中的工作任务。根据《女职工劳动保护特别规定》附录第三条的规定，女职工在孕期内禁忌从事的劳动范围如下：(1) 作业场所空气中铅及其化合物、汞及其化合物、苯、镉、铍、砷、氰化物、氮氧化物、一氧化碳、二硫化碳、氯、己内酰胺、氯丁二烯、氯乙烯、环氧乙烷、苯胺、甲醛等有毒物质浓度超过国家职业卫生标准的作业。(2) 从事抗癌药物、己烯雌酚生产，接触麻醉剂气体等的作业。(3) 非密封源放射性物质的操作，核事故与放射事故的应急处置。(4) 高处作业分级标准中规定的高处作业。(5) 冷水作业分级标准中规定的冷水作业。(6) 低温作业分级标准中规定的低温作业。(7) 高温作业分级标准中规定的第三级、第四级的作业。(8) 噪声作业分级标准中规定的第三级、第四级的作业。(9) 体力劳动强度分级标准中规定的第三级、第四级体力劳动强度的作业。(10) 在密闭空间、高压室作业或者潜水作业，伴有强烈振动的作业，或者需要频繁弯腰、攀高、下蹲的作业。

8　女职工在哺乳期间禁忌从事哪些工作?

法律规定了女职工在怀孕期间不能从事的劳动范围，对于处于哺乳期间的女职工同样有类似的保护性规定，毕竟处在这一特殊时期稍有不慎同样会危及女职工及其婴儿的安全健康。根据《女职工劳动保护特别规定》附录第四条的规定，女职工在哺乳期间禁忌从事的劳动范围如下：（1）作业场所空气中铅及其化合物、汞及其化合物、苯、镉、铍、砷、氰化物、氮氧化物、一氧化碳、二硫化碳、氯、己内酰胺、氯丁二烯、氯乙烯、环氧乙烷、苯胺、甲醛等有毒物质浓度超过国家职业卫生标准的作业。（2）非密封源放射性物质的操作，核事故与放射事故的应急处置。（3）体力劳动强度分级标准中规定的第三级、第四级体力劳动强度的作业。（4）作业场所空气中锰、氟、溴、甲醇、有机磷化合物、有机氯化合物等有毒物质浓度超过国家职业卫生标准的作业。

同时，《女职工劳动保护特别规定》附录第一条关于女职工禁忌从事劳动范围依然适用经期、孕期、哺乳期女职工，包括如下几种：（1）矿山井下作业。（2）体力劳动强度分级标准中规定的第四级体力劳动强度的作业。（3）每小时负重6次以上、每次负重超过20公斤的作业，或者间断负重、每次负重超过25公斤的作业。

9 用人单位能对孕期、产期、哺乳期女职工单方调岗、降薪吗?

女职工在怀孕和哺乳期间不能从事特定的工作事项，不能被安排加班和夜班，在正常的工作时间还需要一定的休息和哺乳时间，这无疑会严重影响工作的效率和单位的效益。但法律又偏偏不允许用人单位在女职工孕期、产期、哺乳期时随意解除劳动合同。于是部分用人单位“剑走偏锋”，运用自身的权力将女职工调动到不重要的岗位，同时发放与调整后的岗位相一致的薪酬，通常情况下此时的薪酬会比之前岗位的薪酬低很多。事实上，用人单位的这种做法在法律上是要承担更多的风险和责任的。

根据《劳动合同法》第三条的规定，依法订立的劳动合同具有约束力，用人单位与劳动者应当履行劳动合同约定的义务。换句话说，如果用人单位与女职工在签订的劳动合同中约定，若女职工怀孕，用人单位可以单方调整岗位，则用人单位可以根据劳动合同的约定单方调整女职工的岗位。但为了防止用人单位利用自身的强势地位肆意给女职工调岗，需要其出具相应的书面材料如《岗位说明书》，证明女职工因怀孕确实不适合原有的岗位，需要调整岗位和薪酬。如果用人单位与女职工没有在劳动合同中对调岗进行相关的约定，此时用人单位单方调岗只能根据《劳动合同法》第四十条的规定，证明孕期、产期、哺乳期女职工因个人原因不能胜任当前的工作，需要出具相应的材料如《岗位说明书》《目标责任书》以及相应的工作记录等。同时用人单位还需要确保调整后的岗位能与其能力及身体状态相适应，不能为了提高效益而随便安排一个不适合女职工的能力或者生理状态的岗位。

10 孕期、产期、哺乳期女职工的薪酬应按什么标准发放？

孕期、产期、哺乳期女职工的薪酬如何发放一直以来是许多用人单位颇为头痛的问题，同时也是一个较为复杂的问题，因为孕期、产期和哺乳期各个阶段的薪酬计算标准有细微的不同。

根据《女职工劳动保护特别规定》第五条的规定，用人单位不能因女职工怀孕、生育、哺乳对工作产生影响而降低其薪酬。至于具体的薪酬标准，法律分不同的时期作出了明确的规定：(1) 女职工的孕期。女职工怀孕时，根据《女职工劳动保护特别规定》第六条的规定，怀孕的女职工进行产前检查的时间计入劳动时间。换句话说，女职工在休产假之前的劳动时间包括产前检查的时间都算作正常的工作时间，薪酬按照岗位正常的工资发放。(2) 女职工请产假至生育结束这段时期。根据《女职工劳动保护特别规定》第七条规定,女职工因生育可以享受98天产假,同时产前可以休假15天。这段时间由于女职工不在用人单位工作,所以薪酬的计算标准也有所不同。根据《企业职工生育保险试行办法》第五条的规定,女职工在产假期间的生育津贴按照用人单位上年度的职工月平均工资发放,由生育保险基金支付,如果用人单位没有替女职工缴纳生育保险金,则该阶段的工资由用人单位直接支付。(3) 女职工的哺乳期。根据《女职工劳动保护特别规定》第九条规定,由于哺乳期是产假之后的一个时间段,这段时期女职工是正常上班的,只不过每天可以享受1个小时的哺乳时间。生育多胞胎的女职工每多哺乳1个婴儿每天还可增加1小时哺乳时间。因此这段时期用人单位也须严格按照劳动合同约定的薪酬支付工资,不能擅自减少薪酬的数额。

11 女职工休产假超过法定期限能否被认定为旷工?

休产假是女职工享有的法定权利,是法律为了保障妇女生育的权利和女职工的身体健康而特别设立的。按照《女职工劳动保护特别规定》第七条的规定,女职工的产假为98天,其中产前可以休假15天,如遇难产等特殊情况,还可增加15天休假的时间。但是对于 98 天的产假时间，在实践中女职工与用人单位的理解存在较大的差异。例如，一名女职工最终生育的时间为开始请产假后的第 30 天，而非预期的第 15 天，则女职工一般认为产后应当休息满 83 天，而用人单位认为该名女职工生育后的第 68 天应当正常上班，逾期不上班的应当被认定为旷工。由此双方可能产生较大的争议。

针对 98 天产假的理解，根据现在依旧有效的《劳动部关于〈女职工劳动保护规定〉问题解答》的条文，当时对于女职工的产假时间，法律规定的是 90 天，该解答明确规定，女职工产假分为产前假和产后假两部分，产前假 15 天一般不得放到产后使用。由于预产期只是一个预测值，女职工最终的生育时间可能与此有所出入，对于那些在预产期之后生育的女职工，应当保障其身体得到充分的休息，所以产后可以休满 75 天，超过的天数可以作为病假处理，而不得计为旷工。将这一规定类推到现有的产假规定上可以认为，女职工产前可以休息 15 天，若最终生育时间推迟，可以享受产后休假的时间仍为 83 天，超过的时间计为病假，不算旷工。

12　休产假的女职工当年不能享受年休假了吗?

现实中很多用人单位为了提升单位效益，常常不予批准女职工在休完产假后的当年再休年休假，认为女职工在该年度的休息时间已经远远超过年休假的天数，没有必要再休年休假。事实上用人单位的这种做法是在侵害女职工的休息权。根据《企业职工带薪年休假实施办法》第六条的规定，女职工的产假显然不计入年休假的范畴。同时《职工带薪年休假条例》第四条规定了五种职工当年不得享受年休假的情况，而休产假不在其中。事实上，产假和年休假完全是两种不同的休假制度。产假是专门针对女职工而设置的，是为了保障其正常的生育权利和生育后身体的健康。而年休假是职工工作一定年限后可以享受带薪休假的时间，是一种普遍适用于所有职工的福利待遇，两者不可混为一谈。因此用人单位不批准休完产假的女职工年休假的做法是完全没有法律依据的。

13 怀孕女职工流产可以要求用人单位赔偿吗?

根据《工伤保险条例》第十四条和《女职工劳动保护特别规定》第四条和第十五条的规定，怀孕女职工流产可以要求用人单位赔偿，但是有前提条件：（1）女职工须证明流产是在工作时间和工作场所内发生的。因为女职工怀孕理论上只有在产前 15 天才能开始请产假，换句话说，怀孕期间大部分时间还是在用人单位上班的，所以这点比较容易证明。（2）女职工须证明流产原因跟工作内容有关系。例如，用人单位要求女职工在怀孕期间从事孕妇不能从事的工作，如接触有害化学物质的工作环境，或者从事高处、高温、高压、低温、冷水、噪声、封闭空间等类似法律禁止的工作；用人单位要求孕妇从事可以参与但是强度不适合的工作，如由于工作性质需要长时间站立，而站立对于孕妇来说犹如参与重体力劳动，类似的工作内容导致了最终孕妇的流产。关于这一点，女职工本人证明有一定的难度，所以可以去医院检查并让医院出具专业的诊断书或医疗报告。当女职工的流产满足上述两个条件时，女职工才能要求用人单位予以赔偿。

14　用人单位侵害女职工的权益会受到什么处罚?

我国法律对女职工有特殊的保护规定，当用人单位侵害女职工的权益时，就意味着违反了法律的强制性规定，要受到相应的处罚。根据《女职工劳动保护特别规定》第十三条的规定，用人单位有如下行为的，会收到人力资源社会保障部门责令限期改正的通知书，并被处以罚款：（1）用人单位在女职工怀孕7个月以上时，让其加班或者安排夜班劳动，没有在劳动时间内安排一定的休息时间。（2）用人单位没有安排女职工休产假或者休产假的时间不符合法律的规定。（3）用人单位对哺乳未满

1 周岁婴儿的女职工，让其加班或者安排夜班劳动。（4）用人单位安排女职工从事矿山井下作业等女职工禁忌从事的工作。（5）用人单位安排经期的女职工从事冷水、低温等法律规定经期女职工禁忌从事的工作。（6）用人单位安排怀孕的女职工从事法律规定孕期女职工禁忌从事的工作。（7）用人单位安排哺乳期的女职工从事法律规定哺乳期女职工禁忌从事的工作。用人单位若有第六项和第七项的行为，将被处以高额的罚款，情节严重的，还可能会被行政部门责令停止生产经营。

图书在版编目（CIP）数据

职工法律知识实用问答／邱科铭著．—北京：中国法制出版社，2021.8（2024.12重印）

ISBN 978-7-5216-2050-4

Ⅰ.①职… Ⅱ.①邱… Ⅲ.①法律-中国-问题解答 Ⅳ.①D920.5

中国版本图书馆CIP数据核字（2021）第138247号

责任编辑 王佩琳　　封面设计 杨鑫宇

职工法律知识实用问答

ZHIGONG FALÜ ZHISHI SHIYONG WENDA

著者/邱科铭

经销/新华书店

印刷/北京虎彩文化传播有限公司

开本/880毫米×1230毫米 32开　　印张/8.375 字数/122千

版次/2021年8月第1版　　2024年12月第4次印刷

中国法制出版社出版

书号 ISBN 978-7-5216-2050-4　　定价：32.00元

北京市西城区西便门西里甲16号西便门办公区

邮政编码：100053　　传真：010-63141852

网址：http：//www.zgfzs.com　　**编辑部电话：010-63141798**

市场营销部电话：010-63141612　　**印务部电话：010-63141606**